PETER PAN
OU
L'ENFANT TRISTE

KATHLEEN KELLEY-LAINÉ

PETER PAN
OU
L'ENFANT TRISTE

CALMANN-LÉVY

© CALMANN-LÉVY, 1992

ISBN 2-266-06105-4

L'écriture de ce livre fut une longue aventure personnelle qui a duré quatre ans. J'aimerais remercier tous ceux qui m'ont soutenue moralement, mon mari, qui a compris la nécessité de cette écriture, mon fils, qui a pu tolérer si longtemps la présence de Peter Pan parmi nous, des amis et des collègues, qui m'ont encouragée par leur intérêt pour le sujet. Mais c'est à Dominique Rousset, qui m'a rejointe comme compagnon de route, que je dois la finition de ce livre. Elle m'a non seulement offert sa plume et son « bon français », mais aussi son énergie positive, son sens de l'humour et une franche amitié, qui – tous – me sont devenus indispensables pour pouvoir terminer ce voyage.

SOMMAIRE

Sommaire

« *Peter Pan* ou *le garçon qui ne voulait pas grandir* est une pièce pour enfants et pour ceux qui autrefois l'ont été, écrite par un auteur qui entend rester un enfant. Tout au long de notre enfance, nous prétendons tous les jours être des pirates ou des peaux rouges ou des mamans, et toutes les nuits nous rêvons encore de ces mêmes rôles. Mais il y a surtout une étrange et magique demi-heure, entre le jour et la nuit, entre la veille et le sommeil, quand l'enfant, les yeux grand ouverts dans son lit, voit le jeu et le rêve se fondre en un, le monde de l'imagination devenir réalité. C'est cette demi-heure que la pièce tente de recréer. " Imaginez-vous enfant à nouveau, dit-elle aux adultes, et j'essaierai de vous rapporter un peu de ce que vous avez cru être autrefois et quelques-unes des choses que vous avez pensé faire. Cela peut vous faire rire et soupirer à la fois. Mais vous devez m'aider en vous transportant vers cette demi-heure crépusculaire où je vous attends. "

De Peter vous pouvez penser ce que vous voulez. Peut-être était-il un petit garçon qui mourut jeune et c'est ainsi que l'auteur conçut ses aventures. Peut-être n'est-il jamais né – un garçon que certains ont espéré voir venir et qui n'est jamais arrivé. Il se peut que ceux-là l'entendent à la fenêtre plus clairement que n'importe quel enfant. Peter Pan est insaisissable. Comme il le dit de lui-même, " je suis la jeunesse, je suis la joie, je suis le petit oiseau sorti de sa coquille ". Et ce qu'il entend rester pour toujours; la seule chose qui l'effraie est de devoir grandir, apprendre des choses graves et être un homme. »

Notes écrites par J.M. Barrie pour le programme de Peter Pan, *lors de sa représentation à Paris, en 1908. Je remercie Andrew Birkin pour cette contribution.*

Introduction

Ce livre paraît d'abord le fruit du hasard; il ne prend le poids du destin qu'après coup, lorsque les mots ont pu retracer l'histoire d'une vie et la rendre indélébile. Les occasions de ce genre ne sont pas toujours saisies, sauf quand leur nécessité s'impose avec une telle force que l'individu est contraint de donner libre cours à son inconscient...

J'étais donc mûre pour rencontrer Peter Pan, James Matthew Barrie et moi-même.

Le « hasard » fit qu'au moment où je préparais une conférence sur la dépression, en travaillant Deuil et Mélancolie de Freud, j'eus l'occasion de lire l'histoire de Peter Pan (dans sa version anglaise d'origine) à mon fils, qui avait sept ans à l'époque. Ayant grandi dans un pays anglo-saxon, je connaissais Peter Pan, et j'avais en tête les illustrations de mon livre d'enfance. Mais ce qui fut nouveau pour moi, ce fut d'entendre subitement pleurer un enfant triste derrière le personnage « gai, innocent et sans cœur » imaginé par le dramaturge écossais James Matthew Barrie, vers la fin du siècle dernier. Ces pleurs étaient tellement forts et

9

*insistants que je décidai d'en parler dans ma confé-
rence. J'en avais la conviction : l'histoire de Peter Pan
renforçait la théorie freudienne. Peter Pan était un
enfant triste et James Matthew Barrie l'avait créé afin
de pouvoir pleurer sa propre enfance triste. Mais
j'ignorais encore que je m'embarquais dans une aventure qui allait me permettre à moi aussi, de pleurer
enfin.*

Dans un article sur Leonardo da Vinci, *Freud écrit
qu'il faut toujours tenir compte du fait que les bio-
graphes ont une relation particulière à leur sujet ; ils le
choisissent pour des raisons tenant à leur propre histoire émotionnelle, ce qui leur donne d'emblée une affi-
nité avec le personnage. Des raisons défensives font
qu'ensuite le biographe idéalise son héros pour le
rendre conforme à un modèle infantile, souvent un
idéal paternel. Il va ainsi effacer toute trace de conflit
ou de souffrance et ne laissera transparaître aucune
imperfection ni faiblesse « humaine ».*

*Il en résulte le plus souvent un personnage froid,
étrange, rigide, et non un être humain avec lequel il est
possible de s'identifier.*

*Freud trouve cette démarche regrettable, car, dit-il,
la vérité y est sacrifiée au profit d'une illusion ; pour
satisfaire ses fantasmes infantiles, le biographe perd
l'occasion de pénétrer les fascinants secrets de la
nature humaine.*

*Lui-même se propose d'explorer en psychanalyste le
caractère névrotique de Leonardo da Vinci ; en mon-
trant les sacrifices, les inhibitions et les souffrances
qui ont rempli sa vie depuis son enfance, et qui ont fait
de lui un « homme raté », il pense à la fois lui rendre
hommage et faire progresser sa théorie.*

Pour analyser Leonardo, il choisit de partir de ce qui

est le plus humain chez lui, le produit de son inconscient : un souvenir d'enfance. Un souvenir archaïque, transcrit par le peintre lui-même : alors qu'il était encore au berceau, un immense « oiseau », un vautour selon Freud, est venu se poser sur lui et a introduit sa queue dans sa bouche... L'analyse de Freud est passionnante. Il retrace l'histoire de Leonardo partagée entre deux mères : sa petite enfance, seul, auprès de sa vraie mère, la séparation d'avec elle à l'âge de cinq ans, son installation auprès d'un père plus âgé et d'une jeune marâtre stérile; et il lie tout ceci à sa quête du sourire mystérieux de Mona Lisa.

Ce dont Freud ne parle pas en revanche, mais qui apparaît nettement entre les lignes de son texte, c'est de sa propre identification à Leonardo, à travers son amour pour sa mère.

L'intense désir de savoir, dit Freud, a ses origines dans l'activité sexuelle infantile... Leonardo a dû être pendant cinq ans l'enfant très aimé d'une mère dont les baisers n'étaient destinés qu'à ce petit être prodige. Nous savons que Freud fut le premier fils d'une jeune mère passionnée et qu'il sut transformer cette relation en recherche de la vérité...

Quelle est la vraie histoire d'une vie ? Le pari de ce livre est de mettre au jour ce qui reste habituellement dans l'ombre, « on the dark side of the moon ».

Pari difficile car la nature même de l'inconscient est d'échapper constamment au sujet. Le psychanalyste veut être l'artisan de l'inconscient et utiliser cette matière éphémère, apparemment ignorée, pour fabriquer du sens avec elle.

Le moment où le sujet découvre la dynamique de son inconscient est toujours impressionnant. Elle surgit

11

lors des inattendus, se glisse dans l'interstice des associations, quand la surveillance se relâche et elle ouvre la voie aux images archaïques, ne serait-ce que pour un instant de vérité.

Nous savons que ces images vont se retirer, que pour nous laisser vivre elles doivent rester enfouies; mais nous savons aussi que pour pouvoir vivre sa vérité, chacun de nous devra redescendre de temps en temps dans ce souterrain, si douloureusement accessible.

Devenir l'artisan de l'inconscient implique un travail sans fin sur soi-même. Freud insistait sur le fait qu'un psychanalyste ne peut pas suivre un sujet plus loin que ses propres complexes et résistances internes le lui permettent.

Chaque rencontre analytique renvoie le thérapeute à sa capacité associative, à ses conflits et à sa propre recherche de la vérité; pour cette raison, Freud préconisait la pratique de l'auto-analyse comme une véritable nécessité pour devenir et rester psychanalyste.

Ce livre témoigne du travail de l'inconscient à différents niveaux : l'histoire de Peter Pan, comme le sourire énigmatique de Mona Lisa, est la production d'une souffrance infantile, celle d'un enfant triste qui résiste à l'effondrement total, dont la vie et l'œuvre sont bâties sur cette capacité à résister : « Et si la mort était la plus grande des aventures ! » dit Peter Pan, dressé sur son rocher.

Si j'ai choisi d'explorer la souffrance de Peter Pan et de psychanalyser James Matthew Barrie, c'était dans l'intention inconsciente d'entreprendre ma propre recherche de la vérité. Sans doute est-il plus facile d'aborder son histoire à travers celle d'un autre que de le faire directement.

INTRODUCTION

Cet ouvrage m'a demandé un long travail, du fait de mes propres résistances et des années de ma vie consacrées à les construire. Le chemin parcouru a été tortueux. L'histoire de Peter Pan se mêle à la vie de James Barrie... L'histoire de Peter Pan se mêle à la vie de l'auteur...

J'espère que le lecteur, à son tour, acceptera de se laisser emporter par le mouvement de ses propres images afin de découvrir lui aussi, une part de sa vérité.

Chapitre premier

LA NAISSANCE DE PETER PAN

« Maman, est-ce que tu savais voler quand tu étais enfant? » me demanda mon fils un jour...

Quand j'étais enfant je m'interrogeais souvent : si je n'étais pas moi, qui serais-je? Si je n'étais pas ici, où serais-je? « Oui, mon chéri, je pense que je savais voler... »

Ou plutôt il m'avait fallu l'apprendre par la force des choses et ne plus l'oublier. Je me trouvais bien mieux à ces hauteurs d'où les tragédies paraissent si petites qu'on les perd de vue. Je rêvais sans fin à « il était une fois, il était nulle fois, peut-être n'était-il pas? » Ainsi commencent les contes de fées hongrois.

Comme Peter Pan, le petit garçon qui s'est envolé le jour de sa naissance pour ne pas grandir, j'avais fait de « nulle part » ma maison, et du pays du « Jamais-Jamais » mon univers. Je pense que j'ai rencontré Peter Pan très tôt dans ma vie; peut-être même dès le jour de ma naissance lorsque mon père m'a prise dans ses bras et a prononcé mon nom à haute voix, de cette façon : « Voici le docteur Kanitz Katalin! »

Les paroles prononcées au-dessus du berceau d'un bébé ont toujours une grande portée; elles sont même

15

parfois d'une telle force qu'elles en viennent à dominer toute la vie de la personne. Ce n'était pas le mot « docteur » qui pouvait m'effrayer et me donner envie de m'évader, à la façon dont Peter Pan était parti chez les fées des jardins de Kensington (chez nous, à Budapest, les fées ont élu l'île Saint-Margarite comme résidence). Mais le poids des rêves de mon père, à l'origine de ces paroles, a dû peser bien lourd sur mon berceau. Pourtant je suis restée là, car j'étais à peine arrivée du grand voyage; je n'étais qu'une petite chose fatiguée par l'aventure de la naissance, sûrement sensible à la chaleur de ces mains qui me portaient et qui allaient devenir si importantes pour moi.

Peter, lui, était persuadé que les bébés avant de naître sont des oiseaux et qu'il pourrait encore voler, c'est pourquoi il a filé sans hésiter par la fenêtre...

Un des grands bénéfices de sa légèreté c'est qu'il a pu rester enfant et oiseau à la fois. Il était sûr ainsi d'être au moins quelqu'un, même s'il ne savait pas qui.

Comme un oiseau

« Peter Pan * a donc grimpé sur le rebord de la fenêtre, et de là il a aperçu le haut des arbres, sûrement ceux des jardins de Kensington. Aussitôt il a oublié qu'il était un petit garçon en chemise de nuit, et très naturellement il s'est envolé vers eux, passant pardessus les rues et les maisons.

C'était extraordinaire qu'il parvînt à voler sans ailes,

* Peter Pan apparaît pour la première fois dans l'œuvre de J. M. Barrie dans un livre intitulé : *Le Petit Oiseau blanc*, où il est encore bébé. Cette histoire sera rééditée plus tard sous le titre : *Peter Pan aux jardins de Kensington*.

bien qu'il ressentît de terribles démangeaisons entre les épaules, là où normalement les ailes s'insèrent... Qui sait? Peut-être pourrions-nous tous voler nous aussi si nous étions convaincus d'avoir ce pouvoir, comme l'était Peter Pan ce soir-là. »

L'avantage d'un tel pouvoir, c'est qu'il offre la possibilité de voyager dans le temps; mais ceux qui ont bien grandi n'osent pas trop se risquer à voltiger comme Peter Pan, de peur de basculer en arrière, dans le pays du Jamais-Jamais.

Peter, lui, y tomba si bien que sa première réaction en atterrissant aux jardins fut de se coucher sur le dos et d'agiter les jambes. Il avait déjà oublié son état d'humain, et il croyait sincèrement être un oiseau. Il aurait pu répondre tout de suite à ma première question : « Si je n'étais pas moi qui serai-je? un oiseau! »

La certitude de pouvoir voler va de pair avec une certaine légèreté de l'être qui permet toutes sortes de déplacements. En principe, quand un bébé est bien tenu dans les bras de sa mère, une sensation de pesanteur commence à s'installer en lui, avec l'impression rassurante de construire son « moi ». Petit à petit les ailes tombent, le bébé prend du poids, il a assez de confiance pour vouloir marcher dans le temps, sans trop regarder en arrière. Cette conviction « d'être » s'accompagne de la faculté de sentir, d'aimer.

« On peut se demander d'ailleurs si Peter Pan, au moment de son arrivée dans les jardins, éprouvait vraiment quelque sensation... Par exemple il lui fallut voir les fées transporter des seaux auprès de leurs vaches, pour réaliser qu'il avait soif. Il s'envola donc vers le lac Rond avec l'intention d'y plonger son bec... mais bien sûr il n'avait qu'un nez! Il réussit quand même à aspirer un peu d'eau et ne la trouva pas aussi rafraîchissante que d'habitude. Puis il voulut se pencher au-dessus d'une petite mare et il tomba dedans... Quand un vrai oiseau vient de tomber à l'eau, il lisse longuement ses plumes jusqu'à ce qu'elles soient sèches, mais Peter, lui, ne savait plus comment faire et, découragé, il décida de s'endormir. »

Un peu plus tard, des bruits assourdissants le réveillèrent mais, chose fréquente chez les personnes trop légères, il ne réussit pas à les localiser. Étaient-ils en dedans ou en dehors de son corps? En fait, il ignorait qu'il s'agissait de ses propres éternuements : « Il désirait très vivement quelque chose, il savait qu'il le voulait de toutes ses forces, mais il ne parvenait pas à deviner de quoi il s'agissait. Ce qu'il désirait si ardemment, c'était que sa mère le mouchât, mais comme il l'ignorait, il décida de demander conseil aux fées. »

Les bébés qui n'ont pas pu acquérir de poids dans les bras de leur mère, ou pour qui la sensation d'être a été interrompue par un événement tragique, courent le risque de devenir des enfants tristes, qui voltigeront dans le temps à la recherche d'un morceau perdu de leur enfance.

Il arrive souvent à un enfant triste, dans son effort pour ne pas pleurer son enfance perdue, de perdre aussi sa capacité de sentir; dès lors il ne sait plus distinguer ce qui est dedans de ce qui est dehors. Comme Peter Pan aux jardins de Kensington, il est obligé de demander conseil à quelqu'un, par exemple à une fée, pour le savoir.

J'ai connu un petit garçon affreusement triste d'avoir perdu son enfance – mais personne ne savait qu'il était triste ni qu'il avait perdu son enfance. Il ne cessait de dessiner des avions, toujours les mêmes. En dépit de ses

« non » énergiques de la tête, nous avons pu un jour parler ensemble de sa tristesse et je crois bien qu'il y a eu une larme au coin de son œil. En peu de mots, il m'a raconté qu'il avait été très malheureux le jour où ses parents l'avaient obligé à quitter la maison dans laquelle il était né; il portait encore des couches et sa mère avait déjà un autre bébé dans le ventre.

Il ne voulait surtout pas savoir comment on fait les bébés, aussi nous n'en avons plus parlé. Mais à partir de ce jour, où la petite larme est apparue, ses dessins ont changé : il s'est mis à élaborer de longs tuyaux souterrains dans lesquels il se passait des choses très compliquées, conflictuelles et terribles... Je sus dès lors qu'il avait pu atterrir un peu. En quittant le ciel, il pouvait entrevoir des sentiments à l'intérieur de lui-même et il découvrait en même temps que cela ne risquait pas de le tuer.

La chemise de nuit

Peter Pan voulait tant échapper au destin d'un être humain qu'il était déterminé à rester un oiseau comme avant sa naissance. Hélas, il ne suffisait pas de se trouver aux jardins de Kensington; encore fallait-il être accepté par ses habitantes, les fées. En vérité, elles avaient peur de lui, tant il leur semblait étrange dans sa chemise de nuit. Dès qu'elles le voyaient, elles s'enfuyaient.

« A force de voir les fées courir dans toutes les directions quand il leur adressait la parole, Peter fut bien obligé de constater qu'il y avait un problème. Il décida donc de consulter l'oiseau le plus sage des jardins, Solomon Caw et il lui rendit visite dans l'île sur la Serpentine, pour lui exposer son problème.

Solomon Caw apporta un précieux soutien à Peter Pan en lui permettant enfin de comprendre qu'il n'était pas un *oiseau*, mais un *petit être humain en chemise de nuit* :

" Essaie donc de dresser tes plumes maintenant ", insista le vieil oiseau avec un grand sérieux. Peter tenta d'obéir, mais de plumes, il n'avait point... Il se mit alors debout en tremblant, et pour la première fois depuis qu'il s'était placé sur le rebord de la fenêtre avant de s'élancer, il songea à une dame qui l'avait beaucoup aimé...

— Je pense que je vais retourner chez maman, murmura-t-il timidement.

— Au revoir, répondit Solomon Caw en le regardant d'un air étrange.

Puis remarquant que Peter hésitait, il ajouta :

— Pourquoi ne pars-tu pas?

— Je suppose, demanda gravement Peter... Je suppose que je peux toujours voler?

A cet instant précis il avait perdu la foi.

— Pauvre petit moitié-moitié, lui dit Solomon — qui en vérité avait un cœur tendre — tu ne pourras plus jamais voler, même les jours où il y aura du vent. Tu seras désormais obligé de vivre toujours sur l'île.

— Je ne pourrai même plus aller aux jardins de Kensington? demanda tragiquement Peter.

— Comment pourrais-tu traverser? répondit Solomon.

Mais il promit tout de même de lui enseigner les manières de faire des oiseaux, toutes celles du moins qu'un être affublé d'une si drôle de forme pourrait apprendre.

— Alors je ne serai pas tout à fait un être humain? demanda Peter.

— Non.

– Et pas tout à fait un oiseau?

– Non.

– Que serai-je alors?

– Tu seras un " Entre-Deux ", dit Solomon, qui était décidément un vieux sage, car c'est exactement ce qui se passa par la suite. »

Il est parfois indispensable de consulter quelqu'un pour retrouver le sentiment « d'être humain ».

« La plus belle leçon que Peter reçut de Solomon fut celle qui lui permit d'avoir en toutes circonstances un cœur gai. C'était le seul type de cœur que Solomon connût et il lui était facile d'enseigner à Peter comment l'obtenir. Le cœur de Peter était devenu si gai qu'il avait envie de chanter, comme font les oiseaux, tout le jour durant. Le fait qu'il était à moitié humain lui posait tout de même un problème : il avait besoin d'un instrument. Pour cette raison il fabriqua une flûte de roseau et le soir il prit l'habitude de s'asseoir sur le rivage pour s'entraîner à reproduire les soupirs du vent et le clapotis de l'eau.

Mais à d'autres moments tandis qu'il jouait sur sa flûte, lui venaient aussi des pensées tristes dont s'imprégnait sa musique. La raison de toute cette tristesse était son impossibilité d'atteindre les jardins, alors même qu'il les apercevait à travers l'arche du pont. Il savait qu'il ne pourrait plus jamais redevenir un être humain. En fait il ne le désirait pas vraiment, mais il souhaitait tellement jouer comme jouent les enfants, et pour cela il n'y avait pas de meilleur endroit que les jardins... »

Le premier vœu

« La preuve qu'il était resté un garçon malgré tout est qu'il se mit à désirer très fort revoir sa mère. Il trouva un moyen d'y parvenir en rusant avec les fées; il leur demanda d'exaucer son vœu le plus cher : voler à nouveau pour retourner auprès de sa mère... La reine des fées tenta bien de le retenir :

– La fenêtre sera-t-elle ouverte?

– Bien sûr! répondit Peter avec confiance. Ma mère la garde toujours ouverte, dans l'espoir que je reviendrai.

– Comment le sais-tu? demandèrent les fées avec surprise, et en vérité Peter ne pouvait pas expliquer comment il le savait.

– Je le sais, tout simplement, dit-il.

Lorsqu'il arriva chez lui, la fenêtre était grande ouverte, comme il l'avait prévu. Il entra et trouva sa mère endormie dans son lit. Peter atterrit doucement sur le montant de bois, au pied du lit et il la regarda attentivement. Elle dormait la tête posée sur sa main et ses cheveux bruns bouclés formaient un petit creux dans son oreiller, comme s'il s'agissait d'un nid tapissé. Il se souvint alors, même s'il l'avait longtemps oublié, qu'elle donnait des vacances à ses cheveux la nuit. Comme il trouvait belles les franges de sa chemise de nuit! Il était très content d'avoir une aussi jolie mère.

Mais elle avait l'air triste, et il en connaissait la raison. Un de ses bras faisait le geste d'encercler quelque chose, et il savait ce qu'elle cherchait à étreindre.

" Oh maman! se dit Peter en lui-même, si seulement tu voyais qui est assis sur le montant de ton lit. "

Il tapota très tendrement le petit monticule que formaient les pieds de sa mère sous la couverture, et il vit sur son visage qu'elle était contente. Il n'avait qu'à dire " maman " doucement, pour qu'elle s'éveille. Elles se réveillent tout de suite quand leur enfant dit leur nom. Elle pousserait un cri de joie et le serrerait dans ses bras. Comme cela serait agréable, mais oh! surtout, tellement délicieux pour elle!

Voilà comment Peter imaginait la scène. En revenant chez sa mère, il ne doutait pas une seconde qu'il lui offrait le plus beau cadeau qu'une femme puisse recevoir. C'est l'intime conviction de tous les enfants. Rien ne peut être plus merveilleux pour une mère que d'avoir un petit garçon à soi. Comme elle est fière de lui et comme elle a raison!

Mais pourquoi Peter restait-il si longtemps sur le bord du lit? Pourquoi ne disait-il pas à sa mère qu'il était revenu?

Il nous faut bien admettre la vérité : Peter était entre deux désirs. Il regardait sa mère avec nostalgie et l'instant d'après il se tournait vers la fenêtre avec la même nostalgie. Il serait certainement agréable, songeait-il, de redevenir son petit garçon, mais d'un autre côté, quelles belles aventures il avait vécues aux jardins! Était-il sûr de vouloir encore porter des vêtements?

Il descendit du lit et ouvrit des tiroirs pour examiner ses vieux habits. Ils étaient toujours là, mais il ne se souvenait plus comment les mettre. Des chaussettes par exemple, les enfile-t-on sur les pieds ou sur les mains? Il était en train de les essayer sur ses mains, quand survint un grand événement. Peut-être le tiroir avait-il fait du bruit; en tout cas, sa mère se réveilla, il l'entendit murmurer : " Peter ", comme si c'était le mot le plus beau qu'elle connût.

Il resta assis par terre, retenant sa respiration et se demandant comment elle savait qu'il était revenu. Si elle avait dit " Peter " encore une fois, il aurait crié " maman " et il aurait sauté dans ses bras. Mais elle ne dit plus rien, elle fit seulement entendre de petits gémissements, et quand il osa la regarder elle s'était rendormie avec des larmes sur les joues.

Cela rendit Peter très triste, et que fit-il alors ? Assis sur le bord du lit, il joua une magnifique berceuse à sa mère sur sa flûte. Il venait de l'inventer à partir de la façon délicieuse dont elle avait dit : " Peter " et il ne cessa de la jouer que lorsqu'elle eût l'air heureuse.

Tout en jouant il se trouvait si habile qu'il pouvait à peine résister à l'envie de la réveiller pour l'entendre dire : " Oh Peter, comme tu joues bien ! "

Quand enfin elle eut l'air réconfortée, il se mit à regarder de nouveau la fenêtre. Ne croyez pas qu'il voulait s'envoler et ne plus revenir. Il était tout à fait décidé à rester le petit garçon de sa mère, mais il hésitait à commencer ce soir-là... »

Promesse de retour

Une fois qu'on a perdu la sensation de douce pesanteur dans les bras de sa mère il est très difficile, sinon impossible, de la retrouver. Mais le souvenir persiste et on se met à feindre cette sensation même si on ne l'éprouve plus... « Tout comme Peter revint encore deux fois à la fenêtre avec l'intention d'embrasser sa mère, mais finit par y renoncer de peur de la réveiller, préférant jouer un merveilleux baiser sur sa flûte avant de s'envoler pour de bon vers les jardins. »

Là-bas, beaucoup de nuits, et même de mois passèrent encore avant qu'il ne demande aux fées de lui permettre de s'envoler à nouveau. « Il voulait d'abord faire ses adieux, non seulement à ses amis, mais aussi à ses endroits favoris. Ensuite il effectua son dernier voyage en bateau, puis son tout dernier voyage en bateau, enfin son vraiment tout dernier voyage en bateau...

Il n'y avait pas d'urgence, pensait-il, puisque sa mère ne se fatiguerait jamais de l'attendre...

Lorsqu'enfin Peter déclara avec courage : " Je veux retourner chez ma mère pour toujours ", les fées furent bien obligées de chatouiller ses épaules et de le laisser partir.

Cette fois il se dépêcha, car il avait rêvé que sa mère était en train de pleurer et il savait pourquoi; un câlin de son merveilleux Peter lui rendrait le sourire. Oh, il en était si certain, il avait tellement hâte de se blottir dans ses bras qu'il alla droit vers la fenêtre qui lui était toujours ouverte.

Mais la fenêtre était fermée par des barreaux en fer et en regardant à l'intérieur, Peter vit sa mère endormie paisiblement, les bras autour d'un autre petit garçon :

Peter cria : " Maman! Maman! " mais elle ne l'entendit pas; en vain il cogna ses petits poings contre les barreaux.

Il fut bien obligé de renoncer et de s'en retourner, sanglotant, aux Jardins, et plus jamais il ne revit sa chérie. Pourtant quel délicieux garçon il aurait voulu être pour elle! Ah, Peter! Nous qui avons commis cette grande faute, comme nous serions différents, avec une deuxième chance! Mais Solomon avait raison : " Il n'y a pas de deuxième chance ", pour la plupart d'entre nous. Quand nous arrivons devant la fenêtre, il est l'heure de la fermeture. Les barreaux sont là pour la vie. »

Les rêves des parents

Les rêves de ma mère avaient commencé bien avant ma conception. Elle avait déjà un garçon et elle rêvait d'une petite fille blonde aux yeux bleus, douée pour la danse. J'étais blonde aux yeux bleus et j'adorais danser. Avant ma naissance, j'avais donc déjà acquis du poids ; c'est seulement plus tard que la légèreté de Peter Pan m'est venue.

Sans doute mon père avait-il été solidement tenu dans les bras de sa mère dès sa naissance, de façon à prendre assez de poids pour que s'ancre en lui le sentiment « d'être » ; il était le premier garçon, et il était charmant !

Pourtant, je crois qu'il a rencontré Peter Pan très tôt dans son existence, sinon il n'aurait pu utiliser aussi souvent la stratégie de l'envol. Et la première fois en découvrant un autre bébé, son petit frère, à sa place dans son berceau. Il avait été tellement aimé par sa mère qu'il aurait voulu la garder toujours pour lui.

Cette blessure d'origine demeura si vive en lui qu'elle fut ranimée par la naissance de son propre fils, au point qu'il fut incapable de le voir tout de suite.

Et c'est dans sa petite fille que, plus tard, il planta tous ses rêves...

Ma mère avait aussi connu Peter Pan, mais d'une autre manière ; elle était la dernière fille d'une famille de treize enfants et peut-être portait-elle moins le poids des rêves de sa mère. De plus, c'était elle qui avait volé le berceau d'une petite fille d'un an, qui n'était pas encore prête à céder sa place. Cette enfant, qui avait été si gaie, si charmante, avait été envahie d'une telle tristesse à la naissance de sa sœur, cessant du jour au lendemain de chanter et de rire qu'elle avait donné mauvaise conscience à sa mère au point que celle-ci osait à peine s'occuper du bébé, sous le regard jaloux et désespéré de l'aînée. Et ma mère, ainsi délaissée, pleurait nuit et jour pour attirer l'attention de celle dont elle avait un besoin vital !

Peter Pan est souvent là quand il s'agit de la vie et de la mort ; il attend son heure pour emmener avec lui les enfants qui tombent des berceaux, faute d'être suffisamment tenus. Ce genre d'accident est souvent dû à la négligence des parents, mais il peut aussi être la conséquence de trop d'amour de leur part et curieusement l'effet est le même...

A l'âge de deux ans, ma mère contracta la diphtérie, après avoir été oubliée de longues heures par sa sœur, dans un coin de cave humide. Le lendemain, elle s'étouffa ; son visage était déjà noir quand ma grand-mère, en introduisant une cuillère en bois dans sa gorge, réussit à dégager la matière épaisse qui empêchait l'air de passer. A la suite de cet événement, elle avait perdu l'usage de la parole et ne savait plus marcher – sa mère, qui lui avait sauvé la vie, dut tout lui réapprendre... Il m'est souvent arrivé d'entendre ma mère s'interroger avec une vraie curiosité : « Et si elle m'avait laissé mourir ? »

Ainsi mes parents avaient chacun fréquenté Peter Pan à un moment de leur enfance. Mais c'était peut-être ma grand-mère qui l'avait le mieux connu. Elle avait une petit sœur qui n'avait qu'une passion : jouer à l'enterrement ! Elle enterrait tout – ses poupées, des oiseaux morts, des mouches, des os de lapin. De santé délicate, cette enfant était si pâle et si fragile qu'on avait l'impression de voir à travers son corps. Ma grand-mère, en revanche, avait des joues roses et des lèvres rouges de santé. Mais la petite Emikö était la préférée de leur mère, qu'elle désespérait par ses « non » incessants et son refus de manger. Le jour de ses quatre ans elle mourut subitement sans qu'on sût jamais pourquoi. A l'enterrement, ma grand-mère suivait sa mère qui marchait au bras d'une amie. Cherchait-elle à capter

27

les paroles échangées par les deux femmes, ou bien la distance n'était-elle pas suffisamment grande? Toujours est-il qu'elle entendit sa mère prononcer cette phrase terrible et indélébile : « Pourquoi n'est-ce pas Elizabeth qui est morte! »

Une mère qui souhaite la mort, une mère qui sauve la vie; deux mères que l'enfant n'arrive pas à quitter. Tout se passe comme si leurs bras n'étaient pas sûrs : elles serrent l'enfant trop fort ou elles le laissent tomber, à aucun moment elles ne le tiennent de façon à lui donner le sentiment « d'être ». Pourtant le bébé porte en lui ce rêve d'une mère tranquille avec qui le sentiment d'être va pouvoir s'installer et ce rêve deviendra la quête de toute sa vie.

Même s'il se met sur le bord de la fenêtre et tente de s'envoler, il ne peut pas s'arracher à l'attraction de celle qui détient le secret lancinant de la vie et de la mort. Je connais des personnes qui restent ainsi sur le bord de la fenêtre de la vie, incapables de choisir; elles n'osent pas rentrer, de peur de rencontrer cette mère terrible, mais elles ne peuvent pas non plus se passer de sa proximité.

Peter Pan, lui, avait trouvé une bonne ruse pour se sentir bien au pays du Jamais-Jamais : cette petite île accueillante lui rappelait sûrement les bras protecteurs de sa mère, mais en même temps son voyage avait pris des lunes et des lunes, ce qui lui donnait l'impression qu'il l'avait bien quittée.

Il existe d'ailleurs plusieurs méthodes pour se donner l'illusion d'avoir quitté « la déesse mère », alors même qu'on la garde toujours en soi. La stratégie de l'envol peut revêtir de multiples formes, mais on finit toujours par reconnaître les départs de Peter Pan dans ces variantes éphémères, à la façon effrontée dont celui-ci nous rit au nez du haut d'un nuage, ou simplement au coin d'une rue.

Une des caractéristiques de ces envols est que le bébé reste marqué par la nostalgie d'être tenu par sa mère et de connaître avec elle les grandes sensations du début de la vie. Tous ces départs sont en fait des retours désespérés vers la recherche d'une deuxième chance. Et cela d'autant plus que le sentiment d'être humain n'a pas pu s'installer avec suffisamment de force. Pourtant l'envol ressemble souvent à une grande aventure, alors que la recherche sans fin de l'enfance perdue est une véritable tragédie.

L'heure du départ

Nous étions convaincus de vivre la plus grande des aventures lorsqu'une nuit nous sommes partis tous les quatre par la fenêtre pour un pays lointain où il n'y aurait plus de tragédies et où nous pourrions vivre toujours heureux.

Nous quittions notre maison par une nuit d'hiver pendant que les voisins dormaient... notre maison qui deviendrait plus tard, sans que je le sache alors, le Jamais-Jamais de ma vie...

Pourquoi cet envol si rapide, par la fenêtre? Je n'ai jamais osé me poser cette question jusqu'à aujourd'hui. A l'époque les raisons étaient claires et plus tard elles avaient pris l'évidence d'une histoire que nous nous racontions souvent, comme pour justifier ce qui s'était passé. Avec les années, c'était devenu un souvenir que je sortais de la naphtaline pour me situer quand on me demandait : « Au fait, d'où viens-tu... »?

« Mon père était juif. Quand les Allemands sont

arrivés en Hongrie, tous les juifs ont été ramassés; ils ont été emmenés dans des camps et on ne les a jamais revus. D'autres ont été fusillés et jetés dans le Danube... »

Ma mère avait vu arriver les longues files sur la rive : c'était l'hiver, le fleuve était entièrement gelé, il avait fallu faire des trous dans la glace... « Non! Non! Monsieur, je vous en prie, suppliait une jeune adolescente, je suis trop jeune, je veux vivre! » Ses cheveux roux flambaient comme une tache de sang dans la grisaille du Marjenö Utca. Ma mère avait fermé la fenêtre, mais elle n'a jamais pu effacer cette image...

Le jour où le concierge reçut l'ordre de rassembler tous les juifs de notre immeuble, il fallut s'aligner sur le trottoir et suivre les consignes : les femmes, les enfants et les vieux restaient dans les maisons marquées d'une étoile jaune; les hommes partaient pour les camps de travail.

C'était Noël. J'avais deux ans. Il n'y avait pas d'arbre dans le salon qui semblait vide. Au milieu se tenait ma mère, assise sur une chaise... Elle pleurait, et elle avait dans ses mains un papier déplié indiquant le camp où se trouvait mon père... Dans quelques semaines, il serait en route pour l'Allemagne. Les bombes commençaient à pleuvoir sur Budapest... Il fallait vite descendre à la cave. Mon frère me mettait dans un panier : j'étais sans doute très légère! Les sirènes, les avions, les bombes m'effrayaient et me fascinaient à la fois. Je chantais à tue-tête comme un oiseau : tout le monde me trouvait charmante. De toute façon, rien ne pouvait m'arriver... C'était une grande aventure.

Un jour, nous sommes restés seuls mon frère et moi, entre la cave et l'appartement, sans savoir où était notre mère.

30

Elle était bien trop anxieuse et scrupuleuse, elle n'avait pas pu partir sans nous prévenir! « Tes parents sont morts, tes parents sont morts », répétait le petit voisin avec une sorte de joie que je n'ai jamais comprise. Un message était parvenu à ma mère. Mon père avait réussi à s'évader du camp lors du transfert pour l'Allemagne. Il avait sauté dans un atelier en sous-sol par une fenêtre ouverte. Les ouvrières l'avaient bien sûr chassé. Mais la colonne était déjà loin, le surveillant ne s'était aperçu de rien, et il avait pu arriver jusqu'à Budapest. Il fallait désormais qu'il se cache. Il était impensable de le faire revenir à la maison...

Ma mère chercha désespérément une planque. L'imprimerie familiale bien sûr; la secrétaire de mon père aurait certainement une solution! Mais c'était déjà l'heure de fermeture des bureaux et elle trouva porte close, ce qui fut heureux car il s'est avéré par la suite que la secrétaire en question était une militante nazie.

Il l'attendait dans la pénombre d'un portail dans le Vaci Utca. Était-ce vraiment lui? Il était si maigre, ses habits d'emprunt flottaient lamentablement. Lui toujours si élégant et soigné... Seul son sourire était resté le même, mais ils n'avaient guère le temps pour de longues embrassades; il fallait se dépêcher... Où aller? Où se cacher? « Mais chez ton frère, bien sûr... personne ne pourra y penser... »

C'est ainsi que mon père passa le restant de la guerre, accroupi dans une armoire de l'appartement de son beau-frère. Celui-ci risqua sa vie et celle de sa famille, mais c'était un homme bon. Le jour où la pression des bombardements obligea mon père à sortir de son habitacle, il dut descendre à la cave avec tout le monde.

« Voici mon cousin qui vient d'arriver de la campagne », annonça Feri. Sans doute à cause du respect dont il jouissait auprès de ses voisins, personne ne posa de question et mon père put ainsi survivre à une situation dans laquelle il aurait dû périr.

Le retour d'Apu

Je me souviens encore aujourd'hui du retour de mon père. Il était autour de midi, et ma mère préparait le repas dans la cour sur un feu artisanal, car on ne pouvait plus utiliser la cuisine... Plusieurs femmes étaient avec elle, et moi je faisais le va-et-vient entre la cour et la rue. Lors d'un de ces trajets, mon regard s'est accroché à la silhouette d'un homme qui s'avançait sur le trottoir. Sa démarche me paraissait familière, et subitement, presque sans m'en rendre compte, j'ai couru vers lui, vers ses bras tendus...

Qui était cet homme? Où était-il parti? Pourquoi revenait-il? M'avait-on menti?... Papa est parti en voyage. Papa est parti à la campagne. Papa sera de retour bientôt... « Papa, Papa, Apu, Apu. »

Après, la vie est redevenue à peu près normale... jusqu'au jour où les Russes à leur tour ont voulu la peau de mon père. Il leur fallait des prisonniers hongrois. Après tout, ce pays avait été du côté des Allemands.

Les rafles commencèrent dans toute la ville. On venait chercher les gens chez eux en pleine nuit, pour des raisons inconnues. Les mêmes méthodes que les Allemands, mais les raisons de « classe » avaient remplacé les raisons de race. Nous étions encore visés. Malgré le semblant de « normalité » de notre vie, mon père sentait de plus en plus la menace de l'Histoire.

Il fallait partir, s'évader, s'échapper, s'envoler... Mon père avait l'habitude, mais cette fois il avait toute une famille à sa suite. Nous eûmes cette année-là un Noël exceptionnel. Le petit Jésus fut très généreux avec moi : poupée, berceau, livres et un magnifique stylo pour mes premières écritures. L'arbre somptueusement décoré atteignait le plafond. Grand-mère avait fait plus de *beigli* que d'habitude, ces gâteaux hongrois traditionnels aux noix et aux raisins, que j'adorais. Ma mère avait mis une belle robe en soie; elle sentait bon le parfum français que son mari avait rapporté de Paris. Lui nous regardait; était-ce l'inquiétude qui lui volait son sourire?

Quelques jours après, il nous annonça que nous partions en vacances d'hiver. Pour moi, ce fut aussi brutal et inattendu que le jour où il nous apprit que nous avions changé de nom. Il est vrai que cet événement était survenu à la suite d'un incident que j'avais vécu à l'école. La maîtresse m'avait appelée « La fille Kanitz... » avec tant de haine que j'avais demandé à mon père le soir pourquoi nous portions un si vilain nom. Deux jours après, notre nom s'était « christianisé ». Ma mère n'était pas contente : la guerre était terminée, certaines familles juives avaient certes changé de nom pour tenter d'échapper aux nazis, mais pourquoi le faire en 1949, après tout ce que nous avions vécu?

Voyageurs sans bagages

Avant le départ, mon père nous prévint qu'il nous faudrait emporter peu de chose... pas de poupée, pas de berceau, pas de livres, mon premier stylo est resté sur la table. Il me fallait être légère pour ces vacances-là... Je choisis de n'emporter que mon lapin. Des années plus tard, j'ai compris que ce lapin avait été l'occasion d'un grand moment de bonheur : le jour de mes cinq ans, mes parents m'avaient réveillée avec ce cadeau, ils souriaient, j'étais enveloppée par leur amour, la chaleur de leurs regards, je savais que j'étais heureuse!

Les valises furent bientôt prêtes. Une voiture noire nous attendait en bas. Nous ne roulions pas beaucoup en voiture à cette époque et cela me sembla inhabituel. Il faisait nuit, mais les étoiles ne brillaient pas comme le soir de Noël où mon frère m'avait promenée dans la rue en attendant que les parents préparent l'arbre... J'ai jeté un dernier coup d'œil à nos fenêtres et dans ma tête, j'ai fait danser mes doigts sur le fer forgé du balcon en suivant ses contours. Longtemps après, j'ai retrouvé cette sensation, en revoyant notre maison pour la première fois.

Je serrais fort contre moi mon petit lapin, et je pensais avec tristesse à ma nouvelle poupée que j'avais dû laisser seule, même si ce n'était que pour la durée des vacances.

Avant de quitter Budapest, nous nous sommes arrêtés chez des gens que je ne connaissais pas... Leurs visages étaient graves, la femme habillée de noir parlait à ma mère de choses que j'avais de la peine à comprendre. Il fallait laisser les valises chez eux.

« Bien sûr, nous vous ferons suivre les objets de valeur... bien sûr...

– Viens ici, ma petite. Donne-moi ce lapin, mon fils le gardera pour toi, » me dit la femme en noir.

Ma mère ne comprit pas mon appel muet, désespéré. Je m'attendais à ce qu'elle me protège, qu'elle sauve mon lapin, qu'elle tende les bras pour empêcher le désastre... mais elle était absente, son regard était vide. Pour la première fois, je me sentis seule et sans secours. Je dus laisser mon petit lapin.

Notre prochain arrêt eut lieu à la campagne, dans la cave d'une maison. Il y avait là un grand nombre d'hommes et nous devions en attendre d'autres. Mon père me disait qu'il ne fallait pas que je parle à haute voix, car les propriétaires de la maison ne savaient pas que nous étions là. Quelle aventure!

Un peu plus tard, nous dûmes nous séparer. Mon père et mon frère feraient le chemin à vélo; ma mère et moi, déguisées en paysannes avec des fichus sur la tête, prendrions un bus avec une dame. Si quelqu'un me posait la question, je devrais répondre que la dame était ma mère et que ma mère était ma tante... Je n'y comprenais rien et pourtant je comprenais tout. Les paysages défilaient de part et d'autre des fenêtres du bus et les roues chantaient « Adieu, adieu, adieu... »

Nous avons fait une étape dans une grande ferme. Il y avait mille choses à voir, des animaux très amusants, pourtant cette fois-ci il fallait éviter les jeux d'enfants.

« Reste près de la maison et si tu vois un *czendör* (gardien de la paix), rentre tout de suite. Enlève la chaîne autour de ton cou, cela pourrait attirer l'attention inutilement... »

J'ai poursuivi des oies et des canards jusqu'à ce que deux hommes en uniforme se présentent devant moi. Mon cœur s'est mis à battre avec violence, j'ai couru vers ma mère; elle était blanche comme les murs.

« Vos papiers, s'il vous plaît! »

Elle s'est évanouie et les deux hommes ont éclaté de rire :

« Mais non, Madame, il ne faut pas prendre les choses comme ça. Nous sommes venus pour vous aider. C'était une blague, voyons! »

Les deux blagueurs étaient nos « passeurs », venus nous chercher pour nous faire traverser la frontière autrichienne. Il a fallu un long moment pour rassurer ma mère. Elle n'a jamais pu en rire.

Après tout cela, le passage de la frontière elle-même ne parut plus qu'une simple enjambée de caniveau. Les grilles électriques du rideau de fer n'étaient pas encore installées et il suffisait d'un petit saut pour être de l'autre côté. J'ai trouvé très amusant de faire tout le trajet sur le dos d'un des blagueurs en uniforme.

Une fois en Autriche, il fallut encore marcher longtemps pour parvenir à la ferme où nous devions passer la nuit. Nous étions très silencieux, mais il m'a semblé entendre mon père chuchoter : « Nous sommes libres ! »

Des bols de lait chaud nous attendaient et l'accueil simple et réconfortant de la famille nous fit beaucoup de bien. Nous nous sommes couchés tous ensemble dans la même pièce, avec le grand-père, le petit-fils et l'arbre de Noël qui était toujours en place. J'ai partagé un lit avec ma mère et, malgré la chaleur rassurante de son corps, j'ai eu beaucoup de mal à m'endormir. Le lendemain matin, elle m'a annoncé que nous avions quitté la Hongrie pour toujours. Enfin, j'ai pu pleurer... Ah, ma poupée ! mon petit lapin, je vous ai perdus ; je ne vous retrouverai plus jamais, jamais !

Chapitre II

PETER PAN SUR LE REBORD
DE LA FENÊTRE

Partir et revenir, savoir que sa mère l'attend et qu'au-delà de la fenêtre ouverte, ses yeux restent posés sur lui, ce sont les conditions nécessaires à un enfant pour qu'il puisse vivre pleinement son enfance et la quitter un jour, afin de grandir...

Peter voulait simplement partir un peu jouer avec les fées... mais il voulait aussi revoir sa mère, s'assurer qu'elle l'attendait et qu'il continuait d'exister dans son regard.

Devant la fenêtre barricadée et le petit bébé de rechange installé dans son berceau, tout s'est désorganisé. Peter n'avait plus de mère et plus de berceau... Il vivait la plus grande tragédie qui puisse arriver à un enfant. Il pleurait devant les barreaux, il cognait la fenêtre désespérément... Il avait perdu son enfance.

Quand les frontières se sont fermées derrière nous, mes parents savaient qu'il n'y aurait plus de retour possible... Moi je pleurais mes poupées abandonnées dans notre maison, laquelle serait désormais privée de nos rires, mais savais-je que c'était mon enfance que je laissais au n° 20 Mar Jenö Utca ?

Même si nous ne reconnaissons pas tout de suite le

poids de ces tragédies, nous avons en chacun de nous une mémoire très ancienne qui reste vive, à notre insu. Peter était affreusement triste devant la fenêtre fermée. La douleur qu'il ressentait dans ses bras et dans ses jambes lui rappelait vaguement une autre souffrance qu'il avait connue longtemps auparavant. Était-ce un souvenir d'oiseau? Était-ce un souvenir de bébé? Ou quelque chose entre les deux?

Sentait-il brusquement toute la gravité de son geste lorsqu'il avait quitté son nid d'origine? Il est très difficile pour un être humain de grandir, car il lui faut quitter un nid où il était si bien.

J'observais un jour une mère écureuil en train d'apprendre à son petit à sauter d'arbre en arbre. Elle avait trouvé une ruse : elle frôlait le nez du petit avec ses tétines, lui faisant croire qu'elle allait l'allaiter, puis elle sautait sur une branche, un peu plus loin. Le petit tremblait de peur, mais son désir du lait chaud de sa mère lui donnait finalement le courage de la suivre sur les branches, de plus en plus haut...

Moment de distraction

Partir et revenir permet de revoir le nid de temps en temps et de nous assurer de ce que nous avons été, jusqu'à ce que cela ne soit plus nécessaire, car ce que nous avons été fait désormais partie de ce que nous sommes.

Le premier travail d'une mère est d'apprendre à ruser avec son petit enfant, afin que celui-ci n'ait pas trop de peine à quitter le nid douillet qu'était pour lui son ventre.

En général, les mères sont tout de suite prêtes à faire

ce travail et beaucoup d'entre elles sont si douées pour les câlins et les regards qu'elles permettent rapidement aux bébés d'oublier qu'ils ont été des oiseaux.

On peut penser que la mère de Peter n'a pas fait tout le nécessaire et qu'il est parti pour cette raison. Cela n'est pas si sûr! En revanche, il ne lui a pas laissé beaucoup de temps. Certaines mères ont besoin de temps; car même si elles attendent passionnément le petit oiseau, quand il arrive enfin, elles ne parviennent pas à faire ce qu'il faut pour qu'il n'ait aucun regret du nid.

C'est aussi le moment où les mères se mettent à songer à l'époque où elles-mêmes étaient encore des oiseaux. Elles peuvent alors oublier l'oisillon qui les attend. Peut-être est-ce dans un moment comme celui-ci, tandis que sa mère ne le regardait pas, que Peter s'est envolé par la fenêtre pour la première fois. Quand il raconta tout cela à Wendy, beaucoup plus tard, il lui expliqua que sa mère avait oublié de le peser... Il est vrai qu'il faut peser les bébés très vite à leur arrivée pour leur donner du poids et qu'ils ne risquent plus de s'envoler.

L'histoire du poids est très importante et très grave. Quand un enfant vit des tragédies trop lourdes, trop tôt, le poids n'est plus en lui; il se met à peser sur son passé, si fort que lui-même est obligé de s'envoler pour ne pas risquer d'être englouti. Si le poids est une tombe, il est encore plus difficile à porter.

C'est ainsi qu'on reconnaît un enfant triste à sa grande légèreté – qu'elle soit dans son aspect physique ou dans sa tête. Les clowns sont parmi les êtres les plus tristes du monde.

Lorsque la fenêtre est barrée ou que des frontières de barbelés électrifiés sont dressées, il n'est plus possible de revenir en arrière, le passé prend un poids – une gravité – considérable et il se mélange sans qu'on s'en rende compte avec le paradis perdu des origines. L'enfant, pour s'alléger, laisse tomber beaucoup de ses attributs, y compris le choix de son sexe.

Être fille ou garçon pour un enfant triste pèse beaucoup plus lourd qu'être les deux à la fois, ou rien du tout. Car choisir son sexe c'est accepter de grandir, donc de mourir un jour. D'ailleurs les anges n'ont pas de sexe ; en compensation ils ont des ailes...

Grandir : quelle aventure !

Peter dut renoncer à revenir chez sa mère : cruellement blessé, il s'en retourna aux jardins de Kensington et il prit la décision de ne plus jamais prononcer le mot « mère ».

Les jardins avaient subitement perdu leur attrait pour lui, il ne savait plus jouer comme avant et même les fées ne parvenaient pas à lui remonter le moral. Seule la fée Clochette, la plus drôle de toutes, réussissait de temps en temps à l'intéresser un peu.

Elle lui racontait les histoires extraordinaires du pays du Jamais-Jamais, et c'est de cette façon qu'un jour il décida de s'y rendre pour vivre de grandes aventures avec les pirates, les Indiens, et les « garçons perdus », ces enfants tombés de leurs berceaux, dont il allait devenir le chef.

« Tous les enfants grandissent, sauf un. » Ainsi commence le récit des aventures de Peter Pan. « En général les enfants savent très vite qu'ils vont grandir. Par exemple Wendy l'a appris de la façon suivante : à l'âge de deux ans, un jour qu'elle jouait dans un jardin, elle cueillit une fleur et courut la montrer à sa mère. Je suppose que la fillette devait être tout à fait délicieuse, car Mme Darling plaçant sa main sur son cœur, s'écria : " Oh, si seulement tu pouvais rester comme cela pour toujours ! "

A partir de ce moment-là, Wendy a su qu'elle devrait grandir. On le sait toujours vers deux ans. Deux, c'est le début de la fin. »

L'histoire de Peter Pan est celle d'un enfant triste, un enfant si triste qu'il refusa de grandir. Alors qu'habituellement les histoires racontent comment il faut faire pour grandir, Peter Pan raconte comme on peut rester sur place, pour toujours, en s'installant au pays du Jamais-Jamais...

La fenêtre des Darling

En dépit des aventures passionnantes qu'il vivait au Jamais-Jamais, Peter Pan éprouvait de temps en temps le besoin d'effectuer des voyages à Londres. En fait, il était poussé par une sorte de nostalgie qu'il avait observée chez les garçons perdus ; ils avaient tous une grande soif d'histoires et de contes de fées. Peter avait donc décidé de s'envoler régulièrement jusqu'à Londres pour écouter, à la fenêtre d'une vraie famille, des histoires racontées par une vraie mère à ses vrais enfants. C'est ainsi qu'il atterrit un soir au n° 14, chez la famille Darling, composée de M. et Mme Darling et de leurs trois enfants : Wendy, la fille aînée, et les deux garçons, Michel et Jean.

Quand on connaît Peter Pan, on imagine qu'il n'a pas atterri par hasard sur cette fenêtre. Même si la famille Darling semblait, à première vue, une famille anglaise tout à fait ordinaire, il y avait sûrement chez elle une petite faille par laquelle Peter a réussi à se glisser pour prendre ensuite une telle place.

Commençons par Mme Darling. C'était une femme ravissante, avec une petite bouche moqueuse et un esprit romantique, semblable à ces petites boîtes de tailles différentes, en provenance de l'Est mystérieux.

Quand on a réussi à en ouvrir une, on en trouve toujours une autre à l'intérieur. Mme Darling était de ces femmes qu'on ne connaît jamais tout à fait. Peter Pan se trouvait-il caché dans une de ces boîtes? En tout cas le baiser qui logeait au coin de la bouche moqueuse de Mme Darling et que sa fille Wendy n'arrivait pas à lui prendre, ce baiser-là était certainement pour lui!

« Mme Darling aperçut Peter pour la première fois, un jour qu'elle était en train de mettre de l'ordre dans l'esprit de ses enfants. C'est la coutume nocturne chez toutes les bonnes mères de famille; une fois leurs enfants endormis, elles réfléchissent, elles organisent les choses pour le lendemain matin, en remettant en place les multiples objets qui se sont éparpillés pendant la journée.

A genoux, elles rêvent avec amusement sur certains des petits trésors de l'enfant, se demandant où il a bien pu ramasser celui-ci, pressant celui-là contre leur joue comme un petit chat, puis elles rangent rapidement le tout... Quand l'enfant se réveille le matin, les bêtises et les mauvaises pensées avec lesquelles il s'est couché le soir sont toutes minutieusement pliées et placées tout en bas de son esprit; en haut, bien aérées, sont les plus jolies pensées, prêtes à porter dès le matin. »

Désir de mère

Je sais que les mères ont toutes tendance à se promener ainsi dans l'esprit de leurs enfants, mais Mme Darling s'acharnait un peu plus que d'autres à remettre les choses en ordre, sans doute de peur que ses petits lui échappent. Elle les avait tant désirés, contre l'avis même de son mari!

Il est d'usage pour les mères de faire les bébés avec leurs maris. Pourtant il arrive qu'elles les dessinent seules car elles ne veulent rien laisser au hasard... Elles contrôlent tous leurs traits, le nez, la bouche, les yeux. Elles ont souvent quelqu'un en tête, elles rêvent d'une ressemblance avec une sœur, un frère, un grand-père, mais elle peuvent aussi agir de cette manière dans l'espoir de garder toujours l'enfant qu'elles auront dessiné. Nous avons vu Mme Darling au jardin avec sa fille de deux ans : l'enfant lui avait paru si délicieuse tandis qu'elle courait vers elle, une fleur à la main, qu'elle lui avait lancé ces mots terribles : « Oh, si seulement tu pouvais rester ainsi ! »

Cette nostalgie des mères, « si seulement... » peut avoir des effets très contradictoires sur l'enfant : parfois ce sont justement ces mots-là qui lui font comprendre, comme à Wendy, qu'il va lui falloir grandir. D'autres fois, au contraire, cela marche et l'enfant ne grandit pas.

Il arrive à l'enfant triste de sentir ainsi, sans même en avoir conscience, qu'il ne devra pas dépasser un certain âge. J'ai connu une jeune mère qui avait perdu un enfant de trois ans dans un accident. Plusieurs années après elle eut un autre garçon qui ressemblait tant à l'enfant mort qu'elle eut l'impression que ce dernier était revenu! Ce deuxième garçon devint un enfant triste à l'âge de trois ans... Il avait atteint l'âge de l'enfant mort, il ne s'autorisait plus à grandir, persuadé que sa mère ne s'intéressait plus à lui.

Les mères qui désirent tant que leur enfant ne grandisse pas ont tendance à s'accrocher à leur statut de « mère ». Or être mère c'est aussi une façon de retrouver sa propre mère, celle qu'on a perdue, celle qu'on n'a jamais eue, celle qu'on aurait aimé avoir.

Sans doute la petite fille qu'avait été Mme Darling était-elle encore très proche, prête à resurgir à la surface de ses sentiments et à se faire entendre. Retrouver Peter Pan était une façon pour elle de retrouver son enfance perdue. Mais il lui faudrait payer le prix de cette rencontre...

« A force de chercher ce petit enfant égaré, elle se mit à le croiser sans cesse dans l'esprit de ses enfants. Le mot " Peter " revenait constamment et elle ne comprenait pas pourquoi; elle ne connaissait personne de ce nom. C'est en se rappelant sa propre enfance que cela lui revint. On racontait de drôles d'histoires à son sujet, par exemple que lorsqu'un enfant mourait, il l'accompagnait une partie du chemin afin qu'il n'ait pas peur. Elle avait cru à son existence réelle, à l'époque, mais maintenant qu'elle était mariée et pleine de bon sens elle avait de sérieux doutes :

" D'ailleurs, dit-elle à Wendy, il a dû grandir maintenant.

— Oh non, il n'a pas grandi, assura Wendy avec conviction, il a exactement ma taille! "

Mme Darling consulta M. Darling, mais celui-ci ne fit que sourire avec ironie :

" A coup sûr, ce sont des bêtises que Nana leur a

mises dans la tête; voilà ce que c'est de prendre un chien pour nurse, c'est tout à fait le genre d'idées qu'elle peut avoir! Cesse donc de leur en parler et ça leur passera. " »

Mais « ça » ne passait pas; et bientôt ce garçon troublant vint causer un véritable choc à Mme Darling.

La force d'un rêve

Les enfants sont capables de vivre les aventures les plus étranges sans en être affectés le moins du monde. Par exemple, ils peuvent vous raconter, une semaine après la mort de leur père, qu'ils l'ont rencontré en jouant dans la forêt, qu'ils lui ont tendu une embuscade et que c'était très amusant! Cela ne leur pose pas de problème; la mort pour eux, à ce moment, n'a pas de poids.

Une mère vigilante sait comment faire pour compenser cette extrême légèreté chez ses enfants. Mais Mme Darling rêvait encore trop à « il était une fois... » :

« Pendant qu'elle dormait, elle rêva que le pays du Jamais-Jamais s'approchait d'elle et qu'un garçon étrange en surgissait brusquement. Il ne lui faisait pas peur, car elle pensait avoir déjà vu ses traits sur les visages de nombreuses femmes sans enfant. Peut-être se trouvait-il aussi derrière le visage de certaines mères. Mais dans son rêve il déchirait le voile qui rendait invisible le Jamais-Jamais, et elle voyait Wendy, Jean et Michel se précipiter pour épier à travers le trou.

Le rêve en soi n'était rien mais soudain, la fenêtre de la nursery s'ouvrit en coup de vent, et le garçon atterrit effectivement sur le sol. Il était accompagné d'une étrange lumière, pas plus grande qu'un poing, qui circulait partout dans la chambre comme quelque chose de vivant; c'est sans doute cette lumière qui réveilla Mme Darling.

Elle se dressa, poussa un cri et découvrant le garçon, comprit aussitôt qu'il s'agissait de Peter Pan. N'importe qui aurait tout de suite vu qu'il ressemblait beaucoup au baiser de Mme Darling. Il était très beau, entièrement vêtu de squelettes de feuilles, joints par de la sève d'arbre et il avait encore ses dents de lait ! Quand il vit que Mme Darling était une adulte, il lui montra toutes ses petites perles.

A ce moment la porte s'ouvrit sur Nana qui rentrait de sa soirée. En grognant elle se jeta sur le garçon qui bondit et s'enfuit avec légèreté par la fenêtre. Mme Darling cria encore, mais cette fois pour le garçon car elle crut qu'il s'était tué, et elle dévala l'escalier en courant pour aller chercher son petit corps, mais elle ne le trouva pas.

Quand elle regarda en l'air elle ne vit rien non plus, sauf, déjà loin dans le ciel, ce qu'elle pensa être une étoile filante.

De retour dans la nursery, elle trouva Nana avec quelque chose dans la gueule, qui s'avéra être l'ombre du garçon. Quand il s'était enfui Nana s'était précipitée sur la fenêtre pour tenter de l'en empêcher; il lui avait échappé mais son ombre n'avait pas eu le temps de le suivre; clac! la fenêtre l'avait séparée du corps.

Mme Darling examina l'ombre avec attention. Elle pensa un instant la montrer à son mari mais il était plongé dans ses calculs, impossible de le déranger maintenant; alors elle décida de plier l'ombre et de la ranger soigneusement dans un des tiroirs de la commode, en attendant le moment opportun pour en parler à M. Darling. »

La place du père

L'enfance perdue de Mme Darling n'aurait pas suffi à Peter Pan pour s'introduire par la fenêtre du n° 14, si M. Darling, le père, avait été capable de protéger sa famille. Or ce n'était pas le cas. Sa femme avait pourtant fait plusieurs tentatives pour l'avertir du danger que représentait cet étrange personnage. Malheureusement M. Darling était lui-même quelqu'un de très fragile, avec une faible estime de soi, ce qui faisait de lui un père particulièrement vulnérable aux incursions de Peter Pan.

Un père a souvent du mal à trouver sa juste place entre sa mère, sa femme et ses enfants, surtout s'il n'a pas bénéficié du solide soutien de son propre père. Car une épouse peut tout aussi bien faciliter la place du père auprès de ses enfants que la rendre très délicate. Nous avons vu que Mme Darling préférait dessiner seule le visage de ses enfants... Peut-être était-ce aussi parce que M. Darling était toujours plongé dans ses comptes et qu'il n'avait pas pu participer vraiment à l'ébauche des petits.

Il faut pourtant savoir que si les pères comptent à toute vitesse, c'est pour soulager l'angoisse qu'ils ont de perdre leur place à l'arrivée d'un enfant. Cela est surtout vrai pour le premier, ensuite ils s'habituent à lutter pour rester au centre de l'attention. Mais certains pères quittent la famille dans ces moments-là et préfèrent chercher une nouvelle place ailleurs. D'autres ne partent pas, mais ils ne s'habituent jamais et ils recommencent indéfiniment leurs comptes. M. Darling était de ceux-là.

« M. Darling était très sensible aussi à ce que pensaient les voisins, car il espérait que l'estime qui lui viendrait de l'extérieur, le rehausserait à ses propres yeux. Par exemple c'est à cause des voisins qu'il était gêné d'avoir un chien pour nurse. Aucune nursery ne pouvait être mieux tenue et M. Darling le savait bien, mais il se demandait souvent avec inquiétude ce que les voisins disaient entre eux à ce sujet. Il avait sa place à conserver à la " City "...

En outre, Nana le troublait d'une autre manière : il avait parfois le sentiment qu'elle ne l'admirait pas. " Mais non George, je suis certaine qu'elle a une grande admiration pour toi ! " assurait Mme Darling, puis elle faisait signe aux enfants d'être particulièrement gentils avec leur père... »

Le plus gênant dans tout cela était le comportement de M. Darling. Car si, hors de chez lui, il était l'homme le plus anonyme et le plus discret, à la maison il n'hésitait pas à se laisser aller à toutes ses humeurs. Il ne cessait de souffler le chaud et le froid !

Il arrive souvent que le père d'un enfant triste ressemble à M. Darling. Combien d'hommes m'ont raconté leur profond désir d'un père capable de soutenir leur enfance et leur grande déception au moment de découvrir que cet homme n'était lui-même qu'un enfant...

Parfois l'enfant qui se trouve dans cette situation s'accroche à l'image du grand-père. C'est ce qu'a fait le petit aviateur : privé d'un père suffisamment présent, il s'est attaché à son grand-père maternel qui est devenu le héros de sa vie. Mais un grand-père n'est jamais un père et le risque que court l'enfant dans cette tentative est une autre forme de désorganisation. Il peut même se prendre pour son propre père, ou imaginer qu'il a été engendré par Dieu...

C'est d'ailleurs à cause d'une désorganisation de ce genre que Peter Pan a pu enlever les enfants Darling, ce fameux vendredi soir... Si on observe la scène de façon superficielle, on voit dans la nursery des enfants qui jouent, qui n'ont pas envie de se coucher. Or on sait bien que les enfants, comme les adultes d'ailleurs, ne jouent pas à n'importe quoi. Et justement ce soir-là, un regard plus attentif nous apprend que les enfants Darling jouent au papa et à la maman. Est-ce pour mieux organiser ce que leurs parents n'arrivent pas à faire?

Une petite fille perdue est venue me trouver pour me raconter sa tristesse, car personne ne voulait croire qu'elle était intelligente ni surtout qu'elle pouvait grandir. Plutôt que de raconter sa douleur, nous avons inventé un jeu autour d'une famille imaginaire et pendant des années nous avons joué si intensément que nous croyions toutes les deux que ces personnes existaient vraiment. Chaque fois que j'essayais de lui poser d'autres questions ou d'obtenir des explications, elle me faisait taire : « Ch-chut! » Puis cette petite fille grandit.

Un jour elle arriva chez moi, se laissa tomber dans un fauteuil avec un grand soupir et, me regardant droit dans les yeux pour la première fois, elle me dit : « Maintenant je veux vous parler. » Ce jour-là, je me suis rendu compte qu'elle était devenue une jolie adolescente. Le jeu lui avait permis de réorganiser des sentiments si confus qu'ils l'avaient empêchée de grandir.

« L'entre-deux » ou la désorganisation

Après notre fuite de Hongrie, il fallut encore attendre plusieurs mois pour atteindre le but que s'était fixé mon père : quitter l'Europe. Malgré ses profondes racines culturelles, il était si convaincu que le traumatisme fasciste marquerait longtemps encore le Vieux Continent, qu'il préférait rejoindre le nouveau monde, là où la pensée totalitaire n'avait pas eu de prise.

Pour moi, cette période d'attente de la grande traversée fut idyllique. Personne ne travaillait, personne n'allait à l'école, nous faisions des choses tous ensemble. Dans cet « entre-deux », comme Peter Pan, il était possible de tout imaginer, de tout jouer, d'être à la fois le soleil et le vent, la nuit et le jour, petit et grand, fille et garçon, père et mère.

Notre premier lieu de séjour fut Vienne. Nous y sommes arrivés un soir, et mon père a cru bon de nous conduire vers la maison familiale de sa mère, qui était viennoise. C'était un grand appartement situé dans un immeuble imposant de la Friedrichstrasse. Il appartenait à la seule survivante de la famille Munk, la bonne que l'oncle Hugo avait épousée sur son lit de mort, au grand scandale de son entourage.

Une fois passée l'émotion des retrouvailles avec mon père, Paula ne manifesta pas un grand empressement à nous garder chez elle et il fallut se mettre en quête d'une autre solution. Mon père songea alors à s'adresser au mouvement scout, auquel il appartenait. De retour d'un séjour à Londres où il avait découvert les écrits de Baden Powell, il avait fondé dans son adolescence, avec un groupe d'amis et ses frères, le mouvement scout de Hongrie. C'est grâce à ce réseau qu'il put trouver à nous loger tous les quatre. Mais nous étions à nouveau séparés; ma mère et moi partagions le même lit chez Ida Krauss, une petite veuve, fervente catholique; mon frère et mon père étaient dans une autre famille. Chacun perdait un peu plus sa place. Les parents en fuite demeurent-ils des parents?

Quand les parents ont les murs, la chaleur et la lumière d'une maison pour les aider à construire l'espace de l'enfance, leurs petits savent que même s'ils s'égarent un peu, ils vont toujours retrouver leur intérieur. Nous étions d'un seul coup sans pays, sans nom et sans maison. Nous empruntions au cours de notre trajet l'intérieur des autres, ceux qui voulaient bien le partager avec nous. Heureusement, l'hospitalité d'Ida Krauss allait nous rendre un peu de cette douceur perdue.

J'ai des souvenirs très clairs de tante Ida; ce que j'aimais surtout chez elle, c'était son sourire, son visage rond et sa petite taille, elle était ainsi plus proche de moi. Une chose me fascinait plus particulièrement dans son appartement : une pièce très spéciale dans laquelle la vieille dame se retirait un long moment chaque soir et dont elle interdisait l'accès. Ma joie fut d'autant plus grande le jour où elle m'invita à pénétrer dans ce lieu sacré. Je fus éblouie au point que je dus retenir ma respiration : tout était en or, argent et pierres précieuses. Il y avait des poupées en porcelaine derrière des vitres, des boîtes de bois noble de toute forme. Dans l'une de ces boîtes, tante Ida prit une bague d'enfant, avec un rubis et deux brillants et me l'offrit. J'étais très fière. « Quand tu porteras cette bague, tu penseras à moi », me dit-elle. J'ai toujours ce bijou, mais les pierres ont disparu.

Mon père cependant avait trouvé des gens qui pourraient nous aider à traverser la zone russe pour rejoindre la zone américaine. Le repas d'adieu chez tante Ida fut délicieux; elle avait même fait une bûche au chocolat ornée de décorations. C'était la première fois que je goûtais de la bûche – cela changeait de nos *beigli* de fête.

Zone libre

Pendant le deuxième passage, j'étais consciente de ce que nous faisions et des risques que nous prenions. Néanmoins, cela restait pour moi une aventure, comme dans un film.

C'était la nuit; nous marchions dans les bois de la campagne viennoise et de la route en contrebas, les Russes braquaient de puissants réflecteurs sur la colline afin de repérer les gens en fuite. Quand les faisceaux des lampes passaient près de nous, nous nous figions, retenant notre souffle, jusqu'à ce qu'ils s'éloignent. Le trajet me parut interminable.

Nous sommes arrivés à Innsbrück au petit matin. Enfin la zone libre!

Il y avait là des camps qu'on appelait des *lägers*, sortes de camps de concentration pour les DP (les personnes déplacées) sans pays, sans passeport, sans identité. Il était tout à fait normal que nous nous joignions à ceux qui, comme nous, avaient tenté leur chance. Mais les deux jours que nous avons passé au läger d'Innsbrück furent insupportables pour mes parents. Il manquait l'accueil provisoire d'une vraie maison et d'une vraie famille. Nous n'avions qu'une petite chambre dans un grand baraquement et on nous fournit une vaisselle rudimentaire. Tout le reste était mis en commun avec les autres. Les gens étaient tristes, perdus, les lieux étaient gris et sales et mon père a rapidement décidé de chercher une autre solution. Deux jours après notre arrivée, nous nous installions dans une petite auberge à Innsbrück. Au bout du couloir, où se situait notre chambre, logeait une chatte dans un grand panier avec ses quatre petits. J'étais heureuse.

Cependant, c'est à Salzbourg, notre prochaine étape, que j'ai vécu mes meilleurs moments et que j'ai connu le pire effroi de ma vie. Mon père nous avait trouvé une auberge très confortable dans les hauteurs, à la lisière du bois près de la ville; elle appartenait à une famille avec deux enfants.

Au début, mes rapports avec Hans, cinq ans et Kristel, neuf ans, étaient peu fréquents; nous faisions beaucoup de promenades tous les quatre, nous découvrions la forêt, les animaux, les fleurs. Le sourire était revenu sur le visage de mon père, il jouait sans cesse avec nous. Nous avions l'impression enfin d'une très grande liberté. Je souhaitais que le temps s'arrête.

Petit à petit, je fis connaissance avec Kristel. Elle avait un nombre impressionnant de jouets et de poupées et elle portait le *dirndel* autrichien dont je rêvais, mais il coûtait bien trop cher pour que je puisse espérer avoir le même. Malheureusement elle avait aussi autre chose dont j'avais très peur, c'était sa tante! Une très brave dame sûrement comme mon père m'en assurait, mais elle avait le visage défiguré par une paralysie et j'étais persuadée que c'était une sorcière. Jusqu'au jour où elle s'est dressée comme un mauvais sort devant mon destin.

Un après-midi, après le déjeuner, Kristel m'invita à jouer dans sa chambre.

« Viens, allons prendre ma nouvelle poussette. »

Elle ouvrit une porte, et là, étendue sur un lit, j'aperçus sa tante. Je sentis mon cœur battre très vite et mes jambes faiblir. Kristel sortit la poussette; la tante n'avait pas bougé. Mais l'instant d'après elle entrait chez Kristel et s'avançant directement vers moi, elle caressa ma tête et dit : « *Kätchen, Liebe, Kätchen.* » Je sautais d'un bond vers la porte sans pouvoir l'ouvrir, pâle comme un fantôme, incapable de parler; enfin on me libéra et je m'enfuis jusqu'à notre chambre.

« Mais qu'est-ce que tu as? » s'écria ma mère. Je ne pus rien répondre, je m'évanouis dans ses bras.

Ce type de peur, je ne l'ai jamais connu depuis, sauf peut-être lors d'un cauchemar beaucoup plus tard, à la résidence universitaire, après lequel je me suis retrouvée dans le couloir au milieu de la nuit sans savoir comment j'étais arrivée là. J'avais rêvé qu'une immense araignée allait m'écraser.

Ce sont souvent lors des passages d'un état à un autre ou durant les changements importants, grandir par exemple, que les vieilles sorcières ressortent de leurs boîtes pour nous rappeler leur présence, alors qu'on les croyait disparues!

Visas pour l'avenir

A Salzbourg, nous attendions notre visa. Mon père avait des relations au Canada et en Australie qui étaient disposées à nous parrainer. Dans les années qui suivirent la guerre, ces pays avaient besoin de main-d'œuvre et il était facile d'y émigrer comme travailleur manuel. Mais mon père avait demandé un autre statut. Il rêvait de faire connaître des artistes hongrois contemporains dans le Nouveau Monde, par exemple en faisant imprimer des cartes de vœux avec leurs dessins... Au Canada, notre « parrain » était un peintre hongrois. Le visa canadien est arrivé le premier et c'est ainsi que nous sommes devenus citoyens de ce pays.

Il nous fallait encore traverser plusieurs pays avant de rejoindre le bateau du grand départ. A Zurich, la gare était très propre. Tout brillait. J'ai regardé avec fascination des fruits que je ne connaissais pas sur un chariot impeccable. Il restait encore un peu de temps avant le train. Mon père est descendu et a acheté deux bananes que nous avons partagées entre nous. Cela a été la plus délicieuse banane de ma vie, je n'ai jamais pu retrouver ce goût-là, même en Afrique !

Peut-on retrouver les goûts de l'enfance ? Lorsque le sentiment de sécurité est en train de se perdre, l'enfant triste s'accroche d'autant plus à des goûts, des odeurs et des images afin de conserver un peu de ces moments délicieux où il est entouré par les parents qu'il aime, où il peut encore aller et venir sans risque de s'égarer.

Notre prochaine étape était la France où mon père avait des cousins. Nous sommes arrivés à Paris le 14 juillet 1949. Retrouvant la famille, nous avons pu garder encore l'illusion d'être bien entourés. De plus, mon père parlait le français.

« Pista, pourquoi ne t'installerais-tu pas en France ? Tes contacts de boulot sont en Europe, tu ne seras pas perdu ici... » Mais mon père était déterminé à aller jusqu'au bout, vers le monde nouveau, à couper ses racines, à tout recommencer. Il croyait dans la possibilité d'une deuxième chance.

Est-il possible que j'aie pris à ce moment-là, à l'âge de six ans, la décision de revenir en France, à l'occasion d'un événement apparemment banal ? Nous nous rendions à une invitation chez la cousine Lucie et nous en profitions pour admirer les vitrines des élégants quartiers du Trocadéro. Je me suis arrêtée devant le plus beau magasin de jouets que j'avais jamais vu. Je n'osai rien demander mais cela ne m'empêcha pas de rêver... et de penser à mes poupées, à mon lapin, perdus à jamais.

La table était déjà mise chez la tante Lucie, nous attendions sa fille, Nicole. Pendant la guerre, elle avait été arrêtée par les Allemands, elle avait vécu l'horreur des camps; elle en était revenue très traumatisée et sa mère s'inquiétait beaucoup pour elle. Elle arriva enfin, avec une grande boîte qu'elle me tendit.

« Tiens, c'est pour toi... »

J'étais sidérée. J'ouvris la boîte avec difficulté, elle était entourée d'un très joli papier et je n'avais pas l'habitude de ce type d'emballage car chez nous, on n'emballait pas les cadeaux. Quand enfin j'ai pu démêler les rubans et les papiers, je n'en crus pas mes yeux : devant moi il y avait le Petit Chaperon rouge de la vitrine, celui dont j'avais rêvé si peu de temps auparavant. J'ai dû sauter de joie, embrasser Nicole et tout le monde... Je ne me sentais plus seule; désormais le Petit Chaperon rouge allait remplacer mon lapin.

Ce cadeau a dû panser un peu cette blessure d'enfance que je portais; j'étais persuadée de revenir un jour en France. Quand enfin je m'y suis installée à l'âge adulte, c'est Nicole qui m'a présenté l'homme qui allait être mon mari et le père de notre enfant.

Vint enfin le moment de quitter l'Europe pour le Nouveau Monde. Nous nous sommes rendus au Havre en train et nous avons embarqué à bord du *San Maria*, pour la ville de Québec, en compagnie d'un grand nombre d'émigrés. Je n'ai gardé aucun souvenir de notre départ, je n'ai pas de vision de la terre qui s'éloigne petit à petit, des gens qui restent à quai en agitant tristement leurs mouchoirs. Je sais que ce voyage ne fut ni luxueux, ni tout à fait agréable.

Mon voisin, un petit garçon russe de quatre ou cinq ans, ne souriait pas beaucoup. Le souvenir qui me reste

de lui, c'est sa manière de vociférer du matin au soir
« Banana, banana ! » Cette fascination partagée pour le
fruit exotique était-elle le signe de notre détresse
d'enfant ?

Nous avions pris la route du nord, celle qui passe au
large de l'Islande et nous avons affronté le danger des
icebergs. Mon père circulait avec entrain sur le bateau
et parlait à tout le monde. Mais ma mère était inquiète,
pleine de doutes et de questions sans réponse. Elle nour-
rissait déjà en elle la nostalgie de tout ce qu'elle avait
perdu.

« Mais où allons-nous habiter ? »

« Où vas-tu travailler ? »

« Comment ferons-nous avec les enfants ? »

Pour mon père, ces questions étaient sans grande
importance ; tout allait se résoudre sur place. Une seule
chose comptait : « Nous sommes libres ! Te rends-tu
compte que nous sommes libres ? »

Du rêve à la réalité

A Toronto, notre destination, l'accueil ne fut pas tout
à fait celui que mon père espérait. Notre « parrain » fut
gentil et poli, mais il ne proposa pas de nous loger en
attendant que nous trouvions autre chose. Il nous avait
réservé une suite familiale dans un des meilleurs hôtels
de la ville. Nous avons tenu le coup une semaine, mais
mon père s'inquiétait de plus en plus de l'état de nos
finances. Nous n'étions plus dans des conditions provi-
soires, il n'était plus question de rêver dans les maisons
des autres.

Nous changeâmes donc d'hôtel pour nous installer
dans un quartier beaucoup moins chic, et mon père se

mit en quête d'un logement. Ce n'était pas chose facile. Contrairement à l'Europe, beaucoup de gens habitaient plutôt à l'extérieur de la ville, dans des maisons privées avec jardin. Les plus pauvres occupaient des maisons délabrées dans le centre-ville. Enfin il y avait le quartier des immigrés, des juifs polonais ou russes. Ils tenaient des magasins de vêtements d'occasion, des épiceries où l'on pouvait acheter des cornichons et d'autres délices d'Europe centrale.

C'est dans ce quartier que mon père trouva enfin une famille de paysans hongrois, immigrés depuis long-temps et qui louaient quelques chambres dans leur mai-son. Après beaucoup de discussions ils acceptèrent d'héberger une famille avec enfants.

Nous passions peu de temps dans notre chambre. Nous y faisions la cuisine et nous y dormions, c'est pourquoi j'en ai gardé peu de souvenirs; mais un événe-ment me revient en mémoire : nous étions en train de manger à la petite table à côté de la fenêtre, lorsque j'ai été prise d'un désir incontrôlable de jeter ma fourchette par la fenêtre pour la regarder voler. J'ai ainsi reçu la seule gifle que ma mère m'ait jamais donnée.

Saut dans le vide

Quand un enfant fuit sa maison avec ses parents, il n'est même plus question de quitter la nursery; il n'y a plus de nursery, il n'y a plus de fenêtres, ni de parents qui attendent le retour de l'enfant... Il ne reste que le souvenir de la chaleur, des parfums et de la lumière... Il ne reste que le rêve...

Wendy était à un moment de sa vie où la question de quitter la nursery commençait à se poser. Il lui fallait s'assurer de la solidité de ses parents, celle de son père surtout. Quand les enfants pressentent ce moment crucial, ils ont tendance à inventer des ruses pour tester la force parentale et vérifier qu'ils peuvent compter sur elle. Parfois les parents ne supportent pas ces épreuves et succombent, en redevenant enfant à leur tour. La déception des petits peut alors prendre des dimensions catastrophiques, comme ce fut le cas chez les Darling.

Le fameux soir du drame au n° 14, le piège fut posé si doucement, il paraissait tellement banal, que M. Darling ne se rendit compte qu'après coup de la gravité des événements. Allons sur place pour observer la scène dans les détails, car tout son sens se trouve dans les mots et dans les gestes :

Mme Darling croit apercevoir un petit visage à la fenêtre, elle s'effraie : « Mon Dieu, mes enfants ! » mais le visage disparaît, tout redevient normal, les enfants jouent dans la nursery.

Pourtant leur jeu n'est pas fortuit : « Nous jouons à être toi et père », lui annonce Jean. Et il imite le seul père qu'il ait pu observer de près, le sien : « Un peu moins de bruit là-bas ! » Ils jouent à mettre en scène l'essentiel : le désir des parents d'avoir des enfants.

Le désir des parents n'est pas toujours clair ; voulaient-ils une fille ou un garçon ? Jean pense qu'on ne peut désirer qu'un garçon. Au fond de son âme, Wendy est blessée à l'idée que sa mère ne l'aurait pas désirée. Pour elle, une mère se moque des différences de sexe, elle est ravie « d'avoir un bébé, c'est tout ! ». Quand vient le tour de Michel, le plus petit, Jean (qui joue le rôle de M. Darling) annonce avec sadisme : « Nous ne désirons plus d'enfant, deux cela suffit ! » Michel supplie : « Je t'en prie Jean. Un garçon, Jean ! » Il est effrayé à l'idée que personne ne le désire. Peut-on grandir sans l'assurance du désir des parents ?

Nous rencontrons ensuite M. Darling : il entre en scène « dans une de ces humeurs qui le rendent incapable de profiter du bonheur domestique ». Nous découvrons rapidement par ses gestes et ses paroles qu'il n'est pas sûr du tout de son autorité paternelle. Ce soir-là, il a un énorme problème, il n'arrive pas à nouer sa cravate ! C'est bien évidemment sa femme qui doit le faire pour lui (comme faisait sa mère ?). Il la cherche partout et il est tout étonné de la trouver dans la nursery avec les enfants, comme s'il avait tout oublié, y compris que c'était lui le père.

Certains hommes ont beaucoup de difficulté à croire à leur paternité. Un jour j'ai reçu un jeune homme de dix-sept ans, envoyé par sa mère, divorcée, car il ne réussissait pas dans ses études, en dépit d'une intelligence évidente. C'était un adolescent tout à fait sympathique qui venait me voir en patins à roulettes – une façon de voler à travers la ville. Très rapidement, nous avons compris la raison essentielle de sa venue ; il m'amena son père, de dix-sept ans son aîné, pour que je le convainque de sa paternité. Il avait bien construit son piège et notre travail fut terminé le jour où cet homme accepta que son fils vienne vivre sous son toit.

M. Darling a si peu de poids dans son rôle de père qu'il crée des drames pour des détails sans importance, en espérant ainsi acquérir la carrure nécessaire :

« Je te préviens, Mary, que si cette cravate n'est pas nouée correctement autour de mon cou, nous ne sortirons pas dîner ce soir, et si nous ne sortons pas dîner ce soir je n'irai plus jamais au bureau, et si je ne vais plus au bureau nous mourrons de faim toi et moi et les enfants seront mis à la rue ! (Les enfants pâlissent en saisissant la gravité de la situation.) »

Mme Darling sait prendre les choses en main; comme toute bonne mère elle cherche à contenir le drame qui risque de détruire sa petite famille :

« " Laisse-moi essayer, mon chéri. "

Dans un silence angoissé, leur progéniture les entoure. Réussira-t-elle? Leur destinée en dépend. Elle échoue, non, elle réussit! L'instant d'après ils sont tous gais, dansant les uns avec les autres. Le père fait beaucoup mieux le cheval que sa femme. Michel est déposé sur son lit, Wendy se prépare pour se coucher et Jean s'enfuit devant Nana qui apporte une serviette de toilette. »

En apparence tout est rentré dans l'ordre. Pourtant Michel doit garder sûrement quelques doutes, puisqu'il ressent le besoin de vérifier auprès de Mme Darling qu'elle est bien une mère, et qu'elle est encore à lui :

« Maman, comment tu m'as connu?

A quelle heure suis-je né, maman?

Oh, maman, j'espère que je ne t'ai pas réveillée! »

Hélas, les parents ne perçoivent pas l'inquiétude derrière ces paroles; Mme Darling trouve son fils mignon; M. Darling ressent une grande fierté de possession : « Oui, ils sont mignons, il n'y a pas d'équivalent sur terre, et ils sont à nous, à nous! »

Peurs inavouables

Si Mme Darling semble sourde aux peurs de son fils, elle perçoit en revanche l'ombre de ses propres craintes enfantines, symbolisée par l'irruption de Peter Pan dans la nursery. Elle se sent coupable d'en parler à son mari; peut-être sait-elle qu'il n'aime pas la voir se conduire en enfant et qu'il essaiera de profiter de la situation. Elle cherche tout de même à lui faire part de son angoisse, mais en vain :

« Espèce de peureuse ! (elle prend une moue boudeuse).

– Non, ce n'est pas vrai !

– Oh si, c'est vrai !

– George, je ne suis pas peureuse.

– Alors pourquoi dire que tu as peur ?

(Elle est rassurée par tant de bon sens. Glissant sa main dans la sienne, avec l'espoir qu'il arrivera à les protéger de Peter Pan :)

– George, qu'est-ce que tout cela veut dire ? »

Il n'est pas facile pour les parents de rester à leur place tout le temps. Certains d'ailleurs n'essaient jamais ; lorsqu'ils ont des enfants, ils profitent simplement de ces nouveaux compagnons de jeu, cela fait quelques enfants de plus, voilà tout ! On les appelle des « parents libéraux », en fait ce sont un père et une mère qui n'ont jamais pu quitter leur propre enfance.

Dans la famille Darling, Monsieur semble bien être ce « père-enfant ». Dans ces conditions, l'épreuve fatale destinée à tester la solidité paternelle est vouée à l'échec. Et la déception des enfants, surtout de Wendy, est inévitable.

Tout commence lorsque Michel refuse de prendre son médicament avant d'aller dormir. Son père essaye de l'encourager en évoquant sa propre jeunesse :

« " Quand j'avais ton âge, Michel, je prenais mon médicament sans un mot. Je disais : Merci chers parents, de me donner des potions qui me guérissent. "

Wendy apparaît en chemise de nuit, elle entend son père et elle le croit.

WENDY. – Ce médicament que tu prends parfois est encore pire, n'est-ce pas papa ?

M. DARLING *(appréciant son soutien)*. – Bien pire! Tiens, si je n'avais pas perdu la bouteille, je le prendrais maintenant pour te donner l'exemple, Michel.

WENDY. *(toujours heureuse de rendre service)*. – Je sais où elle est, papa! Je vais la chercher!

Elle est sortie avant qu'il puisse l'arrêter. Il se tourne pour chercher du secours, vers Jean qui s'apprête à se coucher.

M. DARLING. – Jean, c'est une horrible potion, le genre douceâtre et gluant.

JEAN *(qui joue encore à être parent)*. – Ne t'en fais pas, père, ça ne sera pas long. *(Un court instant, M. Darling est parcouru par un spasme d'hostilité envers Jean. Wendy revient, essoufflée.)*

WENDY. – Voici papa, j'ai fait aussi vite que possible.

M. DARLING *(avec une ironie qu'elle ne perçoit pas)*. – Tu as été merveilleusement rapide!

WENDY. *(très fière, tandis qu'elle verse le médicament pour son père)*. – Michel, tu vas voir comment père prend le médicament.

M. DARLING *(hésitant)*. – Michel d'abord.

MICHEL *(soupçonneux)*. – Non, Père d'abord.

M. DARLING – Cela va me rendre malade, tu sais.

JEAN *(avec calme)*. – Allons, père.

WENDY. *(perturbée)*. – Je croyais que tu le prenais facilement, père...

M. DARLING – Ce n'est pas la question; je vois seulement qu'il y en a plus dans mon verre que dans la cuillère de Michel. Et je trouve que ce n'est pas juste!

MICHEL *(froidement)*. – Père, j'attends.

M. DARLING. – Tu peux attendre! moi aussi, j'attends.

MICHEL *(claironnant)*. – Père est un peureux, na-na-nère!

63

M. DARLING. – Toi aussi tu es un peureux!

Ils se regardent sans céder ni l'un ni l'autre.

MICHEL. – Je n'ai pas peur.

M. DARLING. – Moi non plus je n'ai pas peur.

MICHEL. – Alors vas-y.

M. DARLING. – Vas-y toi d'abord.

WENDY. *(intervenant encore).* – Pourquoi ne pas y aller en même temps?

M. DARLING. *(avec hauteur).* – Bien sûr. Tu es prêt, Michel?

WENDY. – Un-deux-trois!

(Michel avale son médicament, mais M. Darling fait seulement semblant. Triche? Ruse?)

JEAN. – Père n'a pas pris le sien!

Michel hurle.

WENDY. *(avec une douleur inexprimable).* – Oh Père!»

Même si les enfants, dans cette scène, ont gagné en pouvoir, car la force et l'honnêteté qui devraient être parentales, sont de leur côté, ils ont tout perdu. Wendy voulait tant que son père soit un homme; avec une image paternelle ainsi ternie, un bout de son enfance s'est égaré. M. Darling sent qu'il vient de diminuer dans l'estime de ses enfants. Prétextant une plaisanterie, il se venge sur Nana la chienne, en la forçant à boire le médicament. Mais il ne fait qu'empirer les choses; les enfants prennent en pitié la pauvre bête; alors M. Darling, cédant à la jalousie, chasse Nana de la nursery. Il ne supporte pas ce rival. Aimerait-il prendre sa place?

Mme Darling, avec son intuition maternelle, a certainement senti qu'après tant de remue-ménage, il vaudrait mieux ne pas laisser ses enfants seuls : «Oh que j'aimerais ne pas sortir ce soir ! », soupire-t-elle. Michel, si sensible à la moindre parole de sa mère, s'inquiète aussitôt :

« Maman, peut-il nous arriver quelque chose avec les veilleuses allumées ? »

Mme Darling préfère contenir ses peurs et ses propres angoisses : « Mais non rien, mon chéri. Les veilleuses sont les yeux qu'une mère laisse derrière elle pour protéger ses enfants. »

Le chemin du Jamais-Jamais

Les moments décisifs dans une existence, ceux au cours desquels tout peut basculer, n'apparaissent pas forcément comme de grandes aventures. Ils peuvent se présenter comme des faits banals et tomber rapidement dans l'oubli. Les parents les traversent souvent sans les voir, mais l'enfant en sort transformé.

Par exemple un changement de nom. A première vue, il s'agit d'un acte bureaucratique, une simple formalité. Qui dirait que c'est un acte capable de tuer ? On chercherait plutôt du côté des soldats, des fusils, des coups reçus, et pourtant...

M. Darling n'aurait jamais cru que le petit incident mensonger du médicament allait lui coûter ses enfants. Sentant qu'il n'était pas très bien installé dans son autorité paternelle, il a cherché à se rétablir, il a utilisé la force (et l'injustice) pour jeter Nana hors de la nursery.

En somme il s'est préoccupé de l'image qu'il avait de lui-même, au lieu d'offrir à ses enfants celle d'un père capable de les empêcher de basculer dans le Jamais-Jamais...

Je crois que chacun de nous possède quelque part

dans son esprit un « Jamais-Jamais », mais il y a ceux qui parviennent à le maintenir à distance (avec l'aide de leurs parents) et ceux qui y retournent, sans trop savoir pourquoi.

Décrire ce lieu ancien est vraiment difficile. « Le Jamais-Jamais est un peu comme une carte interne de notre esprit, avec mille parcours. Les médecins dessinent bien les cartes des autres parties de notre corps, mais quant à l'esprit, on a intérêt à le dessiner soi-même. Comment imaginer en effet un médecin capable de dresser la carte de l'esprit d'un enfant ? Étrange cartographie ! On y suit des lignes brisées en zig-zag comme sur une feuille de température. Il s'agit probablement de routes tracées sur une île, car le pays du Jamais-Jamais ressemble toujours plus ou moins à une île parsemée de taches de couleurs, entourée de barrières de corail, abritant dans ses criques des bateaux prêts à appareiller, dans ses cachettes des sauvages, des nains, dans ses grottes une rivière, des princes et leurs six frères aînés, une maisonnette en train de pourrir et tant de choses mystérieuses encore. »

Nous arrivons enfin à la rencontre de cet étrange personnage, gardien de l'île du Jamais-Jamais, qui a su m'emmener, comme il a emmené Wendy, Jean et Michel, dans ce lieu de l'esprit où j'ai pu m'approcher assez près de mon enfance perdue pour enfin accepter de ne plus jamais la retrouver dans la réalité, mais de la sentir désormais à l'intérieur de moi.

Le petit voleur d'histoires

Quand nous le rencontrons dans la nursery, c'est un être blessé qui a perdu son ombre... mais il ne pleure pas longtemps; bientôt il nous montre comment il faut faire lorsqu'on est un enfant triste qui a perdu sa doublure, la seule véritable preuve de son existence.

Car sans ombre pour témoigner de la matérialité de l'être, comment ne pas penser que l'on n'est qu'un simple objet de l'imagination maternelle?

Cet enfant triste est très léger, il n'a ni nom, ni adresse, ni mère. On a tout de suite envie de le consoler mais halte! Il ne faut surtout pas le toucher!

Les baisers, il ne connaît pas. Il rit, il joue avec ce qu'il n'a pas et il semble très fier de lui. Il est prêt à tout faire pour qu'on l'admire et qu'on le respecte, pour parvenir enfin à exister dans le regard d'un autre, même s'il n'a pas pu exister dans le regard de sa mère.

Quand on le connaît depuis suffisamment longtemps, on comprend mieux que tout ce qu'il fait de gentil, de tendre et de généreux, il ne le fait que pour qu'on lui présente un miroir dans lequel il pourra avoir l'impression d'exister. Celui qui tend ce miroir aura peut-être l'illusion qu'il est indispensable, mais hélas pour lui, un autre, n'importe qui, ferait tout aussi bien l'affaire!

Parfois le miroir ne lui suffit plus pour remédier à cette légèreté pesante qui l'habite et l'enfant triste cherche à remplir autrement ce vide intérieur.

Alors il pénètre dans les maisons, s'introduit dans les familles, jusque dans les cœurs, pour essayer de saisir l'intériorité chez les autres, pour se nourrir de leur histoire. (Peter aimerait s'emparer des histoires qui ont bercé Wendy.) Il devient un véritable pirate en quête du trésor de l'autre.

Cet immense besoin qui émane de l'enfant triste est très attachant et certains y sont particulièrement sensibles. Ils veulent réparer la tragédie qui se devine derrière le rire aux dents de lait. Wendy était de ceux-là :

« Garçon, pourquoi tu pleures ? » demande-t-elle poliment.

Si l'enfant triste se permet de temps en temps de pleurer tout seul, il doit toujours sourire sous le regard des autres : Peter saute sur ses pieds, s'approche du lit de Wendy et lui fait une gracieuse courbette à la manière des fées. Il imite bien les fées, mais il voudrait tant faire comme les vrais enfants. Ainsi lorsqu'il demande à Wendy son nom : « Wendy, Moira, Angela, Darling », répond-elle... Lui n'a qu'un seul nom, très léger, « Peter Pan » et une adresse qui n'en est pas une : « deuxième à droite et tout droit jusqu'au matin ».

Quand Wendy découvre que Peter n'a pas de mère, elle prend conscience qu'elle est devant une vraie tragédie. Elle saute en bas du lit pour mettre ses bras autour de Peter, mais il recule farouchement. « Personne ne doit jamais me toucher ! »

Craint-il de se mettre à ressentir quelque chose si on le touchait ?

Wendy comprend maintenant pourquoi il pleurait tout à l'heure... Peter le nie bien sûr : « Je ne pleurais pas. Je n'arrive pas à coller mon ombre. »

L'ombre de Peter n'est pas comme celle de la plupart des enfants, car elle se détache. On se demande d'ailleurs si elle lui appartient vraiment, ou s'il ne l'a pas trouvée lors d'un de ses voyages. S'agit-il de l'ombre d'un enfant mort ? Je pense que Peter a pris cette ombre pour se donner un peu plus d'épaisseur car il est si léger...

La preuve qu'il ignore la nature de l'ombre c'est qu'il pensait pouvoir la recoller simplement avec du savon. Wendy lui démontre qu'il faudrait la coudre et que cela fait mal ! Elle n'est pas étrangère comme lui à ses propres sentiments.

Une fois son ombre recollée, Peter imite le coq, il retrouve sa gaieté et son insouciance. Subitement il ne semble plus avoir besoin de personne, et Wendy se sent délaissée, c'est comme si elle n'existait plus pour lui.

Il la rassure, à la manière bien connue des enfants tristes : en la flattant. Quand un enfant triste est un peu perdu, il suffit de lui dire à quel point il est formidable, indispensable (en quelque sorte de lui recoller son ombre) pour qu'il retrouve aussitôt son entrain.

Peter essaie donc cette ruse avec Wendy :

« Wendy, une fille vaut mieux que vingt garçons ! » Du coup Wendy veut embrasser Peter. Hélas, comme tant d'autres choses si intimement humaines, le baiser est inconnu de Peter. C'est à Wendy de ruser cette fois pour lui offrir un bouton à la place. A-t-elle compris que pour toutes ces choses essentielles il valait mieux offrir à Peter des faux-semblants ?

Nous découvrons souvent, avec les enfants tristes qui viennent me voir, les faux-semblants qui meublent leurs vies depuis des années. Par exemple, un homme ne parvient pas à aimer une femme ; c'est le sport qui prend une place passionnelle dans sa vie, ou bien le travail, ou simplement un chien... L'amour pour une vraie femme serait si grave, si lourd de conséquences que cet homme préfère reporter ses sentiments sur autre chose, loin de ce qu'il désire vraiment. Il marche ainsi à côté de sa vie.

Peter n'a pas d'âge non plus, car il s'est « échappé le jour de sa naissance ». Wendy est très étonnée par cette jeunesse éternelle et elle veut en connaître les raisons : « C'est parce que j'ai entendu mon père et ma mère décider de ce que je serai quand je deviendrai un homme. Je veux rester un petit garçon et m'amuser. » Curieuse manière de raconter la triste scène du bébé Peter, derrière la fenêtre close de sa mère, découvrant un autre enfant à sa place !

En tout cas, Peter sait rendre son existence tragique très attrayante pour Wendy. Et il sait la flatter comme il faut en assurant que des garçons perdus (comme lui) ont besoin de « compagnie féminine ». « Oh, Peter c'est parfaitement merveilleux la manière dont tu parles des filles ! »

En fait ce qui l'intéresse surtout chez elle, ce sont les histoires extraordinaires qu'elle connaît. Quand il découvre qu'elle en a encore beaucoup d'autres dans la tête, il devient réellement dangereux – il aimerait les lui arracher toutes !

« Viens, lui dit-il, je t'apprendrai à enfourcher le vent et à filer dans les airs. Au lieu de dormir dans ton lit ridicule, tu pourras voltiger partout avec moi et dire des blagues aux étoiles. Il y a des sirènes, Wendy, avec de longues queues. Elles tiendraient à peine sur le sol de la nursery. Viens Wendy, tu verras comme nous te respecterons ! »

Par ces derniers mots, Peter a touché la corde sensible. Wendy ne résiste plus, elle se laisse aller à sa légèreté et s'envole avec lui.

La Terre promise

Le Canada, pays de « frontière », avait été peuplé de pionniers, des gens rudes préparés à survivre dans des conditions difficiles, à résister à la nature, au climat... et aux sentiments. Mon père, lui, avait grandi et vécu sous le règne de Franz Joszef, nourri de Mozart, de Thomas Mann et de Ady Endre et il ne voyait pas la vie de la même façon. De plus, pour lui qui avait porté un nom connu dans son pays, c'était toujours une surprise d'entendre dire à son sujet : « Qui est ce type ? »

Comme Peter Pan arrivant aux jardins de Kensington il était ni oiseau, ni être humain dans ce monde-là. Qu'allait-il devenir ici? Je ne pouvais pas alors me poser cette question...

Nous avions trouvé un nouveau logement au bord du lac Ontario, chez une catholique irlandaise du nom de Dorothée. Les souvenirs de cette époque sont restés fortement gravés non seulement dans mon esprit, mais dans la mémoire familiale. Des années après, ma mère parlait du temps de « Dorotja » avec un grand mépris...

C'était le début de la vraie vie canadienne. L'espace des rêveries s'était considérablement rétréci et il fallait s'organiser pour survivre; nous aussi, nous étions devenus des « pionniers ». Pour mon père il était urgent de trouver du travail; pour mon frère et moi le moment était venu d'entrer à l'école. Quant à ma mère, elle devait essayer de recréer l'ambiance familiale.

Je n'oublierai jamais ma première journée à l'école. Mon père m'y emmena le matin. Ses mains, toujours chaudes et fermes, me rassuraient, tandis que nous faisions ensemble le long chemin vers l'école catholique Corpus Christi. Je ne parlais pas un mot d'anglais, mais mon père était sûr que j'allais apprendre très vite.

« Tu crois que les enfants sont comme en Hongrie? »

« Comment vais-je répondre à la maîtresse? »

« Et si je dois faire pipi, comment je vais leur dire? »

« Apu, ne me quitte pas, j'ai peur!

– Je viendrai te chercher, ne t'inquiète pas, tout ira bien... »

J'étais déjà dans la classe. La maîtresse était une jeune et jolie bonne sœur. Son visage, sans trace de maquillage, brillait de propreté et de chaleur intérieure. Je l'ai aimée tout de suite.

« Hey ! » me dit une des filles, en souriant.

Haj en hongrois veut dire « gros, gras », moi je me trouvais plutôt maigrichonne, je ne comprenais rien. A midi la cloche sonna et tout le monde partit dans toutes les directions. Je n'avais pas compris que je devais déjeuner à la cantine. J'attendis mon père au portail de l'école. Au bout d'un certain temps il n'y eut plus personne dans la rue, et je commençai à m'inquiéter sérieusement.

Incapable de me contenir, j'éclatai en sanglots, j'étais perdue. Un enfant de l'école essaya en vain de me réconforter. Je ne comprenais rien, je me mis à hurler en hongrois, mais personne ne pouvait déchiffrer le sens de cette langue étrange.

Heureusement, il ne m'a fallu que deux semaines pour apprendre l'anglais. Du coup on m'a prise pour une surdouée et on m'a fait sauter une classe ! Dans la maison de Dorothée, il y avait tout de même des moments plaisants pour moi. Son père, Uncle Bill, m'aimait beaucoup, il me racontait des histoires, me fabriquait des jouets et Dorothée s'amusait à me faire des coiffures que ma mère n'aurait jamais tentées. C'est aussi dans cette maison que j'ai lu mon premier livre, *Tom Sawyer.*

Chaque soir nous allions en famille nous promener sur le *boardwalk*, un trottoir en bois qui longeait le lac. A cette époque, ce quartier était considéré comme quelconque, car les habitants y étaient plutôt pauvres. Depuis, ces maisons avec leurs vérandas en bois, ont été refaites, et c'est aujourd'hui un endroit de plus en plus cher, où vivent les universitaires en quête de calme et de nature. La maison de Dorothée est toujours là, intacte, et me semble tellement petite...

Mais le grand drame de cette période ne m'atteignit

pas. De toute façon, je n'y aurais rien compris... même si j'ai l'impression de l'avoir quand même senti. Pour mes parents ce fut en tout cas un choc énorme, dont nous n'avons jamais pu parler par la suite. Comme tant d'autres choses qui nous arrivèrent au Canada, cet événement fut « enterré »; on était au courant mais il faisait souffrir, on préférait ne pas l'exhumer. Il était entré dans l'histoire familiale.

Dorothée couchait avec mon frère! Il avait à peine seize ans, il était mince, beau et très innocent. Elle avait l'âge de ma mère, mais elle se maquillait bien, teignait ses cheveux, et paraissait très jeune en comparaison de ma mère qui avait vieilli de dix ans après toutes nos épreuves.

Un toit et un métier

Il fallut donc partir au plus vite. Mon père réussit à trouver un appartement neuf dans un quartier bourgeois du West End de Toronto. « Tu auras ta chambre à toi. On la peindra en bleu ciel, comme pour un ange », me dit-il.

La chambre de mon frère était vert clair. Mes parents dormaient dans le salon. Mon père était heureux et fier de pouvoir acheter les meubles scandinaves en bois blond qu'il aimait. Nous étions enfin « chez nous ». Nous allions oublier les mauvaises aventures.

Le fait d'avoir enfin un toit, et l'impression de retrouver un peu la sensation « d'être » donna à mes parents l'espoir de reconstruire une nouvelle vie, malgré tout. Mais je sais aussi que mon père était déçu. Le Canada n'était pas l'Europe, la vie culturelle n'y était pas celle de l'Angleterre. Il avait caressé l'idée de faire connaître des artistes peintres hongrois en éditant des cartes de vœux avec leurs dessins et leurs peintures. Mais à l'époque ce n'était ni le goût ni l'habitude des Canadiens. Les cartes de Noël affichaient le visage rouge et robuste de « Santa Claus » avec quelques guirlandes autour. Personne ne voulait des « naïfs » hongrois !

Il dut renoncer à ses rêves et trouver ailleurs du travail : d'abord chez un ami banquier, puis chez un imprimeur hollandais. L'imprimerie, son premier métier, celui de toute la famille Kanitz depuis 1848. Enfin un signe de continuité ! Quand je l'accompagnais au travail parfois, je respirais, comme en Hongrie, l'odeur délicieuse du papier, de l'encre et des crayons...

Parfois, pour nous faire plaisir, il rentrait à la maison avec de nouvelles acquisitions. Un jour, il rapporta un vieux tourne-disques avec un grand nombre de 45 tours, beaucoup de jazz, des chansons de Bing Crosby et de Frank Sinatra. Ce fut une vraie fête d'écouter tout cela et de danser... avec mon père !

Je fréquentais cette fois l'école publique. Passant désormais pour une petite Canadienne, je m'adaptais de mieux en mieux à mon environnement dans un milieu qui me convenait parfaitement. A l'école, j'avais ma meilleure amie, Ruthanne et, dans le quartier, j'étais devenue plus ou moins le chef de ma « bande ». J'étais un vrai garçon manqué et je devais mon prestige aux innombrables aventures que j'inventais. Parfois nous étions sur une île peuplée de « garçons perdus » et de pirates... J'étais Peter Pan, bien sûr !

Hôpital hostile

Je ne sais plus exactement comme cela est arrivé, mais il me semble que j'ai tout de suite senti la gravité de l'événement... Un matin mon père se leva très pâle. Ma mère insista pour qu'il aille voir un médecin immédiatement, mais avant de pouvoir sortir, il s'évanouit devant la porte. Il avait vomi du sang pendant la nuit.

La mémoire est étrange. Il me semble que mes souvenirs, à ce moment précis, s'arrêtent, s'entremêlent... En tout cas, il fut hospitalisé. On pensa d'abord à un ulcère, mais très vite le mot fut prononcé : « Cancer... cancer de la colonne vertébrale ». *Rak*, le crabe, en hongrois : cela me paraissait très mystérieux. Qu'est-ce qu'il pouvait bien faire dans le corps de mon père? Pourtant, l'idée m'était déjà venue, quand il était angoissé, que quelque chose le dévorait à l'intérieur.

On ne peut retrouver qu'après coup les traces de la tragédie, chez un enfant triste. Sur le moment, il est difficile, sinon impossible de savoir comment il va réagir aux drames et les faire siens. Pourtant ce sont ces démarches si personnelles qui font de chacun de nous l'être que nous sommes. Quand j'écoute quelqu'un, je suis émerveillée par la stratégie unique, si profondément créatrice, qu'il développe pour faire face à la vie.

Même si j'étais absolument dépourvue devant ce malheur qui allait emporter mon enfance à jamais, je pense qu'une urgence inconnue activait en moi des sensations et des sentiments prématurés. Après le choc de notre départ de Hongrie, les circonstances précipitaient encore le moment de quitter la nursery et comme Wendy, j'avais besoin de voir mon père en homme. Tout à coup, je m'intéressais à lui autrement; tout ce qui le concernait me fascinait.

« Maman est-ce que Apu est juif? » Je pensais à son nez, il n'était pas « crochu » mais légèrement courbé. On m'avait dit que les juifs avaient le nez crochu. Nous lisions *Oliver Twist* à l'école; le personnage Shylock était caricatural. Moi, j'aimais beaucoup le crâne chauve de mon père. Il était bien brillant au sommet et j'y déposais souvent un petit baiser quand il était assis dans un fauteuil pour lire. J'aimais ses mains. Elles étaient fines et nettes, avec des poils qui commençaient au poignet. J'aimais beaucoup ses poils et quand il m'emmenait au cinéma, je posais ma main sur son bras et je les tournais avec mes doigts pour en faire des nœuds. Parfois, il s'allongeait sur le lit à côté de moi pour me lire des histoires. Un jour qu'il me lisait *Robinson Crusoé* et que j'étais tout contre lui, j'eus une impression bizarre, comme une sensation électrique qui m'envahissait.

Le Toronto General Hospital était dans le centre-ville et le voyage était long mais intéressant. Au fur et à mesure que nous approchions du centre, les maisons devenaient plus vieilles, puis elles se transformaient en grands buildings. Cela devait me rappeler un peu Budapest – je cherchais toujours un parfum, une couleur de pierre, un coin de rue d'autrefois.

L'hôpital était immense. Ma mère, quoique désorientée, réussit à trouver la salle. J'étais submergée par la puanteur des lieux et l'alignement des lits blancs. Je sentais une sorte de nausée désagréable remonter depuis mon estomac et me nouer la gorge. J'avais subitement très peur.

Vers le milieu de la salle nous avons enfin découvert mon père. Il était amaigri, mais il souriait faiblement. On lui avait fait des tests très pénibles, l'injection d'un liquide coloré dans la colonne vertébrale. Un homme était déjà assis à côté de son lit, un collègue de travail.

« Oui, il y a une tumeur, il va falloir opérer. Cancéreuse probablement. Je pensais que c'était seulement un rhumatisme. Tu te souviens que déjà en Autriche les orteils de mon pied gauche s'endormaient ? »

« Oui, je m'en souviens », disait ma mère d'un ton incrédule. « Cancer ! Ce n'est pas possible, ce n'est pas possible ! »

« Mais tu sais, il y a un très bon professeur qui s'occupera de moi. Ils sont très forts en chirurgie, les Canadiens. Ça ira, tu verras ! » Rien de mal ne peut arriver dans la Terre promise... Il n'y a pas de mauvaise surprises au Jamais Jamais, rien que des aventures !

Quelques jours plus tard, quand les résultats des tests se sont révélés positifs, mon père a été opéré d'urgence. L'opération a duré dix heures, ils ont retiré une tumeur cancéreuse de la colonne vertébrale. Je n'ai pas de souvenir précis des jours qui ont suivi l'opération. Il était très affaibli et maigre quand il a pu enfin rentrer à la maison.

Une petite mère pour Apu

Après son retour, nous avons fait quelques aménagements dans l'appartement... et dans notre vie. Mon frère arrêta l'école et entra comme ouvrier dans une grande usine-boulangerie. C'était une fabrique de pain à la chaîne ; du pain ouateux et blanc, que nous détestions car nous venions d'un pays où le pain était noir, avec beaucoup de goût. Le travail de mon frère était difficile, il le faisait la nuit, ses bras devenaient costauds et musclés. Il ne pensait qu'à acheter une voiture Pontiac pour pouvoir réaliser le rêve américain que mon père et lui avaient forgé ensemble sur le bateau : « Au Canada, nous deviendrons riches, nous roulerons dans une voiture américaine et nous irons avec elle voir les chutes du Niagara ! »

Ma mère fut très surprise quand mon père donna son accord pour que mon frère arrête l'école à seize ans. Elle pensa sans doute que la maladie l'affaiblissait. Beaucoup plus tard, j'ai compris que d'autres raisons l'empêchaient en fait d'être un père pour son fils. Une seule scène me revient de cette période : mon frère se roule par terre, en proie à une crise de rage et mon père le regarde faire avec un visage triste et défait. Ce jour-là, je me suis réfugiée dans la salle de bains pour prier Dieu que cela s'arrête et que mon frère ne devienne pas fou !

Le retour de mon père eut sans doute lieu pendant les vacances scolaires car je me souviens que je restais de longues heures auprès de lui, pendant que ma mère travaillait. Je lui faisais des œufs au plat, je rangeais la maison, je jouais à être « une petite mère » pour lui. Mais surtout je m'asseyais pendant des heures sur son lit et nous parlions beaucoup ensemble, de tout.

« Apu, raconte-moi quand tu étais petit garçon... Qu'est-ce que tu aimais, qu'est-ce que tu portais comme vêtement ? »

« Apu, comment as-tu rencontré Anju ? Est-ce qu'elle était belle ? Est-ce que tu l'aimais ? »

« Et quand tu étais soldat sur un cheval ? et quand tu étais prisonnier ? »

« Apu, tu penses que Dieu existe ? »

« Apu, raconte-moi tout ce que tu sais. »

« Apuka, raconte, raconte, raconte !... »

Il racontait, sans se lasser, son enfance ; comment à l'âge de six ans il s'était levé à minuit et avait traversé le cimetière près de la maison de ses parents pour se prouver qu'il n'avait pas peur. Il racontait la guerre, la Russie, sa rencontre avec ma mère. J'adorais ces moments « d'histoires » qu'il m'offrait et il s'appliquait à me nourrir de tout. C'était comme s'il en sentait l'urgence. Il voulait me dire d'un coup tout ce qu'on prend une vie à dire... Tout? A dix ans je retenais surtout des images, des couleurs, des vibrations. Mon père me disait aussi d'autres choses, mais les mots se sont perdus, ou bien ce n'était pas les mots que je comprenais.

A d'autres moments, quand mon père était fatigué, et que je ne jouais pas à être « la petite mère », je restais simplement dans ma chambre. C'est pendant un de ces moments-là que j'ai laissé tomber mon encrier par mégarde et que le liquide bleu marine a taché le bleu ciel du mur. J'ai dû pousser un cri, car mon père s'est réveillé, il s'est précipité dans ma chambre et il s'est mis à me gifler avec violence sans pouvoir s'arrêter. J'étais tellement sidérée que je ne pouvais même pas crier; j'étais comme transformée en pierre. Quand mon père est revenu à lui, il s'est effondré, et nous avons pleuré tous les deux, désespérément.

La marche du crabe

Après un court répit pendant lequel il a repris un semblant de vie normale, le mal est revenu. Il s'est mis à boiter et il a dû repartir à l'hôpital. Cette fois, on lui a fait des traitements de rayons sans analyse préalable. Quand la douleur est devenue insupportable, on l'a opéré de nouveau, pour découvrir que le « crabe » avait envahi tout le corps.

Comme la première fois, mon père est revenu à la maison en ambulance. Il était plus faible. Je ne sais pas pourquoi, mais cette fois je n'ai pas joué à « la petite mère ». Je pense que ma mère restait plus souvent auprès de lui, tandis que je jouais dehors avec ma « bande » du matin au soir. Je me souviens vaguement de la remarque de mon père : « Tu me laisses tomber, cette fois-ci »...

J'ai dû mettre des distances en effet... Au point que je ne sais plus si mon père a repris son travail après la deuxième opération. Mais bientôt, il a été hospitalisé à l'hôpital St. Michaels. Nous allions, ma mère et moi, lui rendre visite plusieurs fois par semaine et nous passions avec lui le samedi et le dimanche. J'ai encore à l'esprit tous les détails de sa chambre. Je me souviens des visages déprimés de ses voisins tandis que nous marchions dans le couloir pour arriver à la porte 53. Mon père maigrissait beaucoup, mais il restait souriant et il ne se plaignait jamais.

« Tu sais, disait-il à ma mère, j'aurais dû profiter davantage de ma vie avec toi. J'aurais dû t'épouser plus tôt ! Tu es l'amour de ma vie... » Un jour quand nous sommes arrivées, il paraissait très heureux, comme quelqu'un qui vient de trouver la solution d'un gros problème.

« Aujourd'hui j'ai parlé de l'avenir de Kati avec l'assistante sociale. Elle m'a promis qu'elle s'occupera de ses études universitaires. » Nous n'avons jamais vu l'assistante sociale, mais l'important était qu'elle ait pu donner de l'espoir à mon père. Quant à moi, je me suis passionnément accrochée au désir de mon père et les études universitaires sont devenues l'objectif de ma vie d'enfant.

Parfois le samedi, avant de nous rendre à l'hôpital, nous allions au cinéma avec ma mère. Nous apportions avec nous des sandwiches, et si le film nous plaisait, nous le regardions une deuxième fois. C'est ainsi que nous sommes allées tôt un samedi matin voir *Autant en emporte le vent*. J'ai été très impressionnée par ce film, et depuis je pense l'avoir vu une trentaine de fois. A la fin du film, je pleurais tellement que ma mère me secoua :

« Kati, Kati, ce n'est qu'un film, ce n'est qu'un film ! »

Une fois, après une séance, en allant à l'hôpital, j'ai arrangé mes cheveux comme Scarlett O'Hara pour plaire à mon père. Je commençais à entrevoir le fait de devenir une femme et j'aurais eu tant besoin à ce moment d'un père capable de survivre à cette épreuve.

Lorsque les parents sont bien en place pour soutenir l'enfant au moment délicat où il doit quitter la nursery, ils facilitent, sans le savoir, sa confrontation avec des choses aussi graves que le choix de son sexe. De même qu'à la naissance, la question « fille ou garçon ? » est déterminante, à l'heure de quitter la nursery il est fondamental de bien choisir entre « femme ou homme ». Sans l'aval des parents, et leur tranquille soutien, le problème du « sexe » risque de prendre des proportions dramatiques pour l'enfant.

C'est parfois cette obligation de choisir qui détourne l'enfant triste du désir de grandir. Si Peter Pan est parti de chez lui le jour de sa naissance, c'est bien parce qu'il voulait garder les deux désirs, garçon et fille. A la fin de l'histoire il ne supportera pas de voir Wendy choisir d'être une « femme ».

Les circonstances qui ont accompagné ma première tentative de quitter la nursery ne furent pas bonnes. Mes parents avaient perdu beaucoup de leurs capacités parentales et même si je tentais de m'accrocher aux souvenirs de mon père, à ce qu'il désirait pour moi, ses mains me lâchaient petit à petit. Aussi je m'attachais davantage à ma mère. Je retrouvais le besoin vital du début de la vie. D'une certaine manière je suis retournée à la fenêtre, comme Peter Pan, et ma mère m'a laissée rentrer, car elle aussi avait besoin de s'agripper à sa fille, comme elle l'aurait fait avec sa propre mère dans des circonstances aussi extrêmes. Dans ces conditions je remettais à plus tard le choix du sexe, même si j'étais bien curieuse de connaître la vérité concernant « les hommes et les femmes ».

Un jour, une amie de classe me raconta, affolée, que sa mère saignait tous les mois quand elle faisait « pipi ». Cela me fit peur aussi, et ce soir-là, tandis que ma mère préparait le dîner, je m'assis sur une chaise à côté de la fenêtre et je lui racontai ce qui arrivait à la mère de Valérie. « Tu crois qu'elle va mourir ? Elle doit perdre tout son sang ! » Ma mère se mit à rire, malgré elle.

« Tu sais, ce n'est pas une maladie, c'est tout à fait naturel, toutes les femmes ont ça. Toi aussi, quand tu seras grande, tu saigneras chaque mois. »

J'ai été horrifiée, je me suis mise à pleurer. J'avais l'impression d'avoir encore perdu quelque chose d'irrécupérable. En même temps était née en moi une immense curiosité.

La dernière visite

Après la deuxième opération de mon père, nous avons à nouveau aménagé l'appartement. Mon frère dormait à présent dans ma chambre bleue, et ma

mère et moi occupions la chambre que mes parents
avaient partagée depuis la maladie. Je dormais à la
place de mon père; j'ai gardé des souvenirs très précis
de ce lit.

« Raconte-moi, Anjuka, comment font les hommes
et les femmes? »

« Ça fait plaisir, mais qu'est-ce qui fait tant plaisir? »

« Oui mais avec tout ça, je ne comprends pas comment l'enfant peut ressembler à son père! »

Ma mère m'expliquait chaque soir. Elle ne se fati-
guait jamais de mes questions; elle ne répugnait pas à
me parler de cela. Enfin je comprenais, et en même
temps je ne comprenais pas.

Dans le lit de mon père j'ai eu mes premières
règles; dans le lit de mon père j'ai pleuré sa mort.

C'était le début du printemps. L'hôpital avait un
parc où je jouais de temps en temps quand les après-
midi devenaient trop longues dans le pavillon des can-
céreux. Cette fois-là, ma mère m'envoya au parc et je
me mis à cueillir un bouquet de violettes pour mon
père... « Si je prie très fort, Dieu va sûrement l'aider
à guérir... »

Mon père n'arrivait plus à parler. Sa peau devenue
jaune, collait à ses pommettes et sa langue paraissait
si épaisse que les mots ne voulaient plus sortir. Il nous
faisait signe de l'embrasser. Il était très chaud et
agité comme par une vision qui nous dépassait. Il faisait le signe de la croix avec sa main, la seule partie
de son corps qui n'avait pas changé, qui m'était restée
tellement familière...

Ma mère m'expédia vite au jardin. J'ai embrassé la
main de mon père, sans savoir que ce serait la dernière fois, et pour toujours.

Mon frère était pressé comme d'habitude, il voulait nous ramener avant son rendez-vous. Nous sommes partis rapidement. Je n'ai pas pu donner le bouquet de violettes à mon père. Ma mère pleurait. En arrivant à la maison nous avons reçu un coup de téléphone de l'hôpital : « Votre mari vient de mourir. »

Deux jours plus tard, je répondis au téléphone à un homme qui connaissait mon père :

« Non, il n'est pas là, il est mort. »

L'homme demanda à parler à ma mère. Il la félicita pour le courage de sa fille.

Pour la cérémonie des funérailles, nous avons choisi l'église hongroise, qui se trouvait dans le quartier des immigrés de Toronto. Il fallut d'abord nous rendre au funérarium, où les morts reposent parmi les fleurs. J'ai trouvé l'odeur encore plus infecte qu'à l'hôpital. Le visage de mon père était transformé; on l'avait gonflé avec un produit, on avait mis du rouge sur ses joues et ses lèvres. Je n'ai retrouvé de lui que ses mains, ses mains fines et belles, qui avaient été si chaudes. Mais ce ne fut qu'à l'église, quand on ferma le cercueil, quand les grandes orgues commencèrent à jouer, que je me mis brusquement à hurler de douleur et de rage.

« Apu, Apu, ne me quitte pas, ne me quitte pas, j'ai peur ! »

Nous l'avons enterré dans la partie neuve du cimetière canadien, près de là où nous habitions. Il n'y avait pas d'arbre, seul le trou coupait la monotonie du terrain. Nous n'avions pas d'argent pour acheter une pierre tombale et nous avons fabriqué, ma mère, mon frère et moi une croix en acajou; nous l'avons peinte avec plusieurs couches d'un vernis épais pour qu'elle soit résistante. Mais le cimetière ne donna pas la permission de la poser, car seuls les édifices en pierre étaient autorisés.

Le tombeau de mon père resta donc sans marque, excepté un petit rectangle dans un coin, avec son nom de rechange inscrit dessus. Au début j'allais en vélo lui rendre visite. Ensuite nous avons déménagé et le voyage est devenu trop long pour mon vélo...

Chapitre III

LE PASSÉ, LE PASSAGE ET LE PASSEUR

Les frontières avec le passé, à mon avis, restent toujours floues : on pense pouvoir fermer la porte, ne plus regarder en arrière, changer d'identité, mais si le passage a été manqué, le passé continue de rôder comme un fantôme.

La frontière que nous avions franchie en quittant la Hongrie pour l'Autriche, ce fameux soir de 1949, a dû me paraître bien décevante, puisqu'elle n'a pas rempli sa vraie fonction de « passage » d'un état à un autre. Il est probable aussi qu'à cette époque je n'avais pas l'âge pour ce genre de parcours, c'est pourquoi il m'a plutôt désorientée.

Sans doute est-ce l'une des raisons pour lesquelles par la suite, quand je devins enfin assez grande pour avoir un passeport et les moyens de voyager, je ne cessais de franchir les frontières.

Toronto... Québec... Paris... Londres... Genève... Paris... Bombay... Nairobi... Rio... Tokyo... Sao-Paolo... New York... Stockholm... Rome... Paris, je m'installais toujours provisoirement ; aussitôt que je commençais à m'enraciner, une voix intérieure me signalait qu'il était l'heure. Il me fallait partir, à nouveau, passer la frontière, recommencer.

Un nom comme cachette

Mon père aussi avait pensé qu'il devait tout recommencer. L'Histoire lui avait fourni les raisons de le faire. Pendant la Seconde Guerre mondiale il avait été meurtri, profondément meurtri et horrifié quand les mêmes Hongrois qui avaient anobli sa famille juive, venue de Moravie quatre cents ans auparavant, l'avaient contraint à porter l'étoile jaune. L'imprimerie Kanitz avait bien servi son pays pendant plusieurs générations et tout à coup on voulait abattre ses propriétaires...

Plus tard, à peine échappé des mains d'un persécuteur, il avait failli tomber entre celles d'un autre; le costume et les manières avaient changé... Au lieu de Hitler celui-là s'appelait Staline, un meurtrier avait chassé l'autre...

Nous avons encore essayé de nous cacher. Cette fois, ce n'était plus dans les armoires ou dans les caves; c'était sous un autre nom. Mais nous ignorions que dans cette nouvelle cachette, nous n'allions plus savoir qui nous étions. Nous nous étions cachés à nous-mêmes.

Les traversées des frontières sont des étapes fondamentales dans la vie d'un être humain; en les franchissant il passe d'un stade à un autre, et il accepte de renoncer à des événements du passé très précieux pour lui, dont il avait retiré beaucoup de plaisir.

Ce sont toujours des épreuves difficiles; toutes les cultures, toutes les religions ont inventé des rites de passage, non seulement pour faciliter ce trajet mais aussi pour s'assurer qu'il n'y aura pas de retour possible.

Car, bien sûr, on a toujours la tentation de retrouver

le nid d'origine, le ventre de la « mère ». Pour cela il faut un passeur, souvent un être d'exception qui a expérimenté cette épreuve et à qui on a légalement accordé le droit de faire traverser les autres.

L'enfant triste est celui qui n'a pas pu passer : « Tous les enfants grandissent un jour... sauf un » : l'enfant triste. Les passages pour lui n'ont pas été faits; ou ils ont été mal faits; ou bien le passeur n'était pas le bon... Ou encore l'enfant passait trop tôt ou trop tard... L'enfant triste, lors du passage, a perdu une part essentielle de lui-même et il regarde en arrière pour tenter de la retrouver...

L'enfant triste n'est pas libre de grandir. La fuite, l'envol, ne peuvent constituer des passages d'un état à un autre, ils rendent donc impossible toute chance de recommencer à nouveau.

Sans passeport, sous un nom qui n'était pas le nôtre, avec des passeurs illégaux, nous avons embarqué pour le Nouveau Monde. Ainsi, sans le savoir, nous perdions bien plus que notre maison du Balaton, notre appartement de Budapest et notre imprimerie Kanitz... Nous nous perdions nous-mêmes. J'étais petite, je regardais en arrière, je voyais disparaître mon lapin et j'emportais dans mon cœur le Jamais-Jamais de mon enfance.

Mon père, lui, ne pourrait survivre à ce passage...

Quand le passage ne se fait pas, quand les différences ne sont pas nettes, le passé s'infiltre trop dans le présent, le futur se met à ressembler au passé; les sexes et les générations se confondent : les parents ne sont plus les parents, les garçons et les filles deviennent semblables et les enfants jouent à être les parents des parents.

Dans cette situation floue il ne reste qu'une alternative : le pour ou le contre... tuer ou être tué... manger ou être mangé... La vie perd toute sa complexité, on ne distingue plus les différences. Cette extrême simplification doit nous rappeler nos origines, ce temps du « tout début » où rien n'existait en dehors de « mère » et « pas mère »... sa présence vitale ou son absence...

Le Jamais-Jamais de Peter Pan ressemblait étrangement à cela. La question demeure : est-ce que le passage de Wendy, Jean et Michel au Jamais-Jamais a vraiment été un passage pour grandir ou bien une simple aventure sans conséquences ? Était-ce un pas en avant ou une grande culbute en arrière ? J'ai tendance à opter pour la culbute en arrière, même si elle n'a pas eu de conséquences tragiques pour Wendy (pour ses frères nous ne le savons pas...).

Peter Pan n'avait rien d'un passeur... C'était un enfant triste, profondément blessé, qui s'était réfugié au Jamais-Jamais car il n'avait pas pu faire autrement. Il avait emmené les enfants Darling avec lui, mais ce n'était pas pour les faire grandir (ce qui est souvent le cas dans d'autres contes de fées); d'ailleurs il savait si mal veiller sur eux qu'il avait failli les perdre en route.

S'il les avait emmenés, c'était uniquement pour ses besoins personnels, pour leur prendre ce qui lui manquait le plus, une mère.

Sur les ailes du vent

Ceux qui prétendent n'avoir pas connu le Pays du Jamais-Jamais se trompent, car nous y avons tous été un jour, même pour peu de temps.

Il est vrai qu'en grandissant, nous voyons cette petite

île de notre enfance s'éloigner, devenir brumeuse et pâle, et nous pourrions penser qu'elle s'éteint comme une bougie fatiguée. Mais il suffit parfois d'une odeur, d'un rayon de soleil qui danse sur un mur blanc, d'une note de musique, ou d'un simple coin de rue, pour que le pays du Jamais-Jamais resurgisse et que nous soyons catapultés en arrière, là où le temps n'existe pas.

Quand cela nous arrive tout redevient possible; nous sommes à la fois l'air et la respiration, l'eau et la bouche, le roi et la reine, garçon et fille. Nous pouvons être ici et là-bas en même temps. Nous pouvons parler ou ne rien dire car on nous comprend de toute façon. D'un clin d'œil, nous pouvons nous transformer en quelqu'un d'autre : père, mère, frère ou sœur, nous sommes tous égaux; mais le patron de l'île doit toujours être au centre.

Pendant la journée, il est possible de vivre beaucoup d'aventures au Jamais-Jamais et de s'en sortir chaque fois en héros. Mais à la tombée de la nuit, le paysage de l'île prend tout à coup d'autres contours... Les objets familiers ont un étrange aspect, quelques animaux sauvages surgissent de leur cachette. La reine se transforme en énorme araignée tentaculaire... Le père et la mère disparaissent, et nous nous retrouvons tout petits, sans armes...

Certaines personnes ont connu le Pays du Jamais-Jamais la nuit et préfèrent l'oublier. D'autres y retournent avec plaisir, pour retrouver l'enfant qu'ils y ont laissé, sans le souvenir duquel il est difficile de continuer à vivre.

« Deuxième à droite, et tout droit jusqu'au matin. » C'est l'indication que Peter a donnée à Wendy pour le Pays du Jamais-Jamais; mais, même des oiseaux porteurs de cartes, en les consultant dans des coins venteux, n'auraient pu trouver avec ces instructions. Peter disait vraiment tout ce qui lui passait par la tête.

Au début ses compagnons avaient une confiance absolue en lui; si grande était leur joie de voler, qu'ils perdaient du temps à contourner des clochers d'églises, ou d'autres objets de ce genre. Parfois il faisait sombre, parfois le temps était clair; ils avaient très froid, et voilà qu'il se mettait à faire trop chaud. Avaient-ils vraiment faim ou feignaient-ils seulement? Peter avait une si curieuse façon de les nourrir. Sa méthode consistait à pourchasser des oiseaux qui avaient de la nourriture pour humains dans leurs becs, et à la leur arracher.

Wendy nota cependant avec une légère inquiétude que Peter ne semblait pas se rendre compte que c'était une manière très particulière de gagner son pain, et qu'il en existait d'autres. »

Peter ignorait bien des choses en effet et c'est sûrement pour cela qu'il avait tant insisté pour emmener Wendy et ses frères au Jamais-Jamais. Ses visites à la fenêtre du n° 14 lui permettaient de voir comment font les vrais enfants quand ils ont une mère tout à eux, qui les regarde grandir. C'est difficile de grandir sans le regard de sa mère.

Que pouvait lui apprendre Wendy? Voulait-il simplement qu'elle ait pour lui le regard d'une mère? Sur le trajet, il n'arrêtait pas de fanfaronner : par exemple, il volait au ras de l'eau pour pouvoir attraper la queue des requins. Les enfants étaient incapables de le suivre à ce jeu, et ils étaient sûrs qu'il le faisait pour la galerie, puisqu'il n'arrêtait pas de regarder en arrière pour s'assurer qu'il était bien admiré.

Pièges de la mémoire

« Parfois il les laissait seuls ; c'était l'occasion pour lui de vivre une aventure à laquelle ils ne pouvaient pas participer. Il revenait, en riant bien d'une histoire qu'il avait racontée à une étoile, mais il l'avait déjà oubliée ; ou bien il réapparaissait plein d'écailles de sirènes, sans pouvoir dire ce qui s'était passé. C'était irritant pour les enfants, d'autant qu'ils n'avaient jamais vu de sirène. " S'il oublie aussi vite, comment pouvons-nous croire qu'il se souviendra de nous ? " se demandait Wendy. En effet, parfois, en revenant il ne se rappelait plus du tout d'eux, en tout cas, plus très bien. Wendy en était sûre. Elle voyait dans ses yeux qu'il les reconnaissait seulement au moment où il allait les dépasser ; une fois elle fut même obligée de lui rappeler son nom.

" Je suis Wendy ", dit-elle, très agitée. Il était navré.

" Tiens, Wendy, chuchota-t-il, chaque fois que tu me vois t'oublier, répète : je suis Wendy, et je me souviendrai. "

Ce n'était pas du tout satisfaisant, bien sûr. Mais pour se faire pardonner, Peter leur montra comment se coucher sur un vent fort qui allait dans leur direction. C'était si agréable qu'ils pouvaient même dormir sur le dos du vent en toute sécurité. Ils auraient bien voulu dormir encore un peu, mais Peter se lassait vite de dormir, et prenant sa voix de capitaine, il criait brusquement : " Nous descendons ici. " »

Ces oublis de Peter sont l'indice de sa profonde tristesse et de son incapacité à s'attacher véritablement à quiconque. Les enfants l'intéressent car il pense pouvoir se nourrir de leur substance de « vrais enfants ». Mais dès que son attention est attirée par autre chose, c'est comme s'il ne se souvenait plus du tout de leur existence.

Curieusement le Jamais-Jamais n'était pas inconnu pour les enfants Darling : « Wendy, regarde les tortues enterrant leurs œufs dans le sable ! » « Jean, je vois ton flamant rose avec sa jambe cassée ! » « Regarde Michel, voilà ta grotte ! » Peter était même un peu vexé qu'ils connaissent si bien les lieux.

Pourtant vint le moment où le Jamais-Jamais commença de paraître menaçant. C'est alors que des zones inexplorées surgirent et s'étendirent un peu partout ; à l'intérieur, des ombres noires s'agitaient ; « le rugissement des fauves résonnait autrement, mais par-dessus tout, s'éloignait la certitude d'en sortir gagnant. Jadis, à la maison, on était bien content quand les veilleuses s'allumaient à cet instant critique... et rassuré quand Nana disait que ce n'était que la cheminée, que le Pays du Jamais-Jamais n'existait pas vraiment.

Mais, à présent, il était bien réel, il n'y avait pas de veilleuses, la nuit était en train de tomber, et où était Nana ? »

Le rôle d'une mère est d'être là quand la face terrible du Jamais-Jamais s'approche trop. Elle permet ainsi à son enfant de prendre suffisamment confiance en lui pour croire qu'il sortira gagnant, jusqu'à ce que ceci devienne vrai, car une fois grand, le Jamais-Jamais semble moins dangereux.

Privé du regard maternel, Peter était obligé d'affronter seul le Jamais-Jamais. C'est pourquoi la face terrible surgissait à n'importe quel moment. Pourtant cela ne semblait pas le troubler outre mesure.

Par exemple, la mort ne le gênait pas : « Il y a un pirate qui dort dans la pampa juste en dessous de nous, expliquait-il à John. Si tu veux, nous pouvons descendre et le tuer ! »

Peter essayait de faire croire aux enfants que tuer un pirate n'est pas plus grave que prendre une tasse de thé, et il leur promettait de leur faire vivre de grandes aventures. Quand ils découvrirent que le capitaine des pirates n'était autre que le terrible « Jas Crochet » et que Peter l'avait amputé de sa main droite pour nourrir le crocodile, ils mesurèrent l'ampleur de la terreur qui régnait sur l'île.

Peter resta imperturbable devant la frayeur de Jean quand celui-ci balbutia :

« Il a un crochet en fer à la place de sa main droite, et il griffe avec ça ? »

« Tout juste ! »

Capitaine triste

Tuer ou être tué. Ce sont les règles de base sur l'île... mais il y en a une autre, fondamentale, à laquelle tout le monde doit se conformer : il est interdit de grandir et de prononcer le mot « mère ».

Les deux capitaines de l'île sont, bien sûr, Peter Pan, chef des garçons perdus, et Crochet, chef des pirates. Ne s'agit-il pas d'un seul et même personnage ?

Crochet est le plus triste des enfants tristes. Alors que Peter Pan est jeune, gai et sans cœur, Crochet est vieux, sinistre... et également sans cœur. Depuis que Peter lui a coupé la main pour la jeter au crocodile, sa situation est pire encore ; il avait déjà une assez mauvaise image de lui-même, mais cette amputation a infligé une très grave blessure à son âme autant qu'à son corps.

Sa façon de parler est celle d'un homme formé dans les meilleures écoles britanniques. Comme M. Darling il est extrêmement sensible à ce que l'on peut penser de lui. Ce qu'il supporte le moins chez Peter Pan, c'est sa vantardise, son assurance, tout ce que lui-même a perdu et qu'il aimerait capturer par-dessus tout.

« Regardons-le de près! Le voici debout dans son char, tiré par les pirates, à la place de sa main droite il a un crochet en fer avec lequel il les encourage à aller plus vite. Cet homme terrible les traite comme des chiens, et c'est comme des chiens qu'ils lui obéissent. Il a un visage couleur de cadavre, de longues boucles semblables à des bougies noires, qui accentuent encore l'expression menaçante de sa belle physionomie. Ses yeux sont bleu myosotis et empreints d'une profonde mélancolie, sauf quand il plonge son crochet dans un corps. A ce moment, apparaissent en leur centre deux petits points rouges qui les illuminent horriblement.

Il y a quelque chose du grand seigneur dans son attitude; il peut vous transpercer d'un seul regard et il passe pour être un excellent conteur. Il n'est jamais aussi sinistre que lorsqu'il est poli, ce qui est probablement la meilleure preuve d'une bonne éducation; même quand il jure, l'élégance de sa prononciation et la distinction de ses manières prouvent qu'il est d'une condition sociale supérieure à celle de ses hommes.

Crochet a la réputation d'avoir un courage à toute épreuve. La seule chose qui lui fasse peur est la vue de son propre sang, épais et d'une couleur inhabituelle. Voilà l'homme terrible contre lequel Peter Pan doit se battre. Qui sera vainqueur? »

L'enfant triste a parfois un père Crochet. Ce père, lui-même profondément triste, plante ses crochets dans les flancs de son fils, et s'agrippe à ce jeune double de lui-même en lui présentant l'image d'un être blessé et passif. L'enfant triste est ainsi empêché de vivre sa propre vie, il ne peut que s'identifier à une image paternelle meurtrie, malade et il est voué à la transmettre à son tour.

Souffrant de violentes douleurs abdominales, un jeune homme très sportif est venu me consulter. Les raisons médicales ayant été écartées, il paraissait évident que sa douleur avait d'autres origines. Il ne comprenait pas la cause de sa souffrance car il avait une existence banale, sans histoire, disait-il. Pourtant cette souffrance l'empêchait de jouir des plaisirs de sa vie : ses succès scolaires, la musique, la danse. Quant aux femmes il les abordait peu et ne s'autorisait des aventures qu'avec celles qui étaient déjà avec un homme. De temps en temps, il tentait de mettre fin à sa souffrance en pratiquant des sports dangereux dans lesquels il risquait sa vie, comme le delta-plane ou l'alpinisme de haute montagne, mais cet espoir de survoler sa douleur était déçu comme les autres. Quand il atteignait la réussite, il avait déjà perdu son plaisir.

Dès notre premier entretien, il parla de sa relation difficile avec son père, un homme silencieux, mécontent de sa vie, qui n'avait jamais joué avec lui. A l'âge de cinq ans, il avait reçu un train pour Noël et n'avait pas voulu ouvrir le paquet, espérant que son père allait jouer avec lui. Mais le père était resté passif comme d'habitude, le petit garçon n'avait jamais sorti le train de sa boîte.

Un jour l'image de ce père a surgi : il était triste, seul, en train de fumer une cigarette en attendant de reprendre le travail qu'il détestait. Cette image pathétique, pleine d'émotion, est revenue et elle s'est plantée en lui, comme un crochet : « C'est lui qui m'empêche de vivre, le salaud ! » s'est écrié le jeune homme, en découvrant ce père douloureux au creux de son ventre.

Après cela, la bataille fut encore longue et la question : « qui sera vainqueur ? » est restée posée tout au long de notre travail.

A cause du crocodile

Pour certains enfants tristes, la stratégie choisie par Peter Pan, à savoir être gai, innocent et sans cœur n'est pas facile à adopter car le crocodile reste toujours redoutable. J'ai connu quelques-uns de ces enfants-là : aussitôt qu'ils vont mieux et que le rire est proche, le crocodile réapparaît pour les persécuter.

Le lendemain, ils sont plus tristes qu'avant.

Une des solutions possibles pour eux, est d'élever un chien ou un animal sauvage ; alors le crocodile s'installe à l'extérieur et non plus à l'intérieur de la personne. L'avantage de cette stratégie est que le chien ou l'animal sauvage a tendance à mordre les autres et à être fidèle et doux avec son maître. J'ai ainsi été mordue par le chien d'une amie, laquelle m'a dit, toute désolée : « Il ne mord que les gens que j'aime ! »

Le capitaine Crochet ne connaissait pas un moment de répit entre Peter Pan qui le harcelait et le crocodile qui le cherchait partout. Il fallait bien dès lors que l'inévitable affrontement ait lieu. L'occasion en fut fournie par la capture de Lily, la petite Indienne, amie de Peter : deux hommes de Crochet ont capturé Lily et l'ont entraînée, solidement attachée par des cordes, dans leur bateau. Ils ont pour instruction de l'abandonner sur le rocher du naufragé, afin qu'elle soit noyée par la marée haute.

Non loin du rocher, mais hors de vue, deux têtes dansent sur l'eau, celles de Peter et Wendy. Wendy pleure, car c'est la première tragédie à laquelle elle assiste. Peter lui, a vu un grand nombre de tragédies, mais, comme d'habitude, il les a toutes oubliées. Il n'a pas plus pitié de Lily que de Wendy. C'est le « deux contre une » qui le met en colère, et il a bien l'intention de sauver l'Indienne.

Il lui serait facile d'attendre le départ des pirates pour la délivrer, mais Peter n'est pas du genre à choisir la facilité. (Comme on le voit, il est plus à l'aise pour défendre des principes que pour ressentir des émotions!)

Il décide donc d'imiter la voix de Crochet et il donne l'ordre aux pirates de libérer Lily. Cela marche parfaitement, et Peter exulte car l'une des choses qu'il aime le plus, et qu'il fait le mieux, c'est imiter quelqu'un d'autre. Est-il en train de se mettre dans la peau de Crochet?

Quoi qu'il en soit, les pirates obéissent et coupent les attaches de Lily, au moment précis où le vrai Crochet arrive à la nage.

Dans la clarté de la lanterne, Wendy voit sa main de fer agripper le bateau; elle découvre son visage cruel et basané tandis qu'il se hisse à bord, dégoulinant d'eau. Le capitaine Crochet soupire tristement. Enfin il dit avec désespoir :

« C'est la fin des haricots, ces garçons ont trouvé une mère! »

Crochet ne peut poursuivre son méchant dessein qu'en l'absence d'une « mère ».

Identité

Mais Peter ne se réjouira pas longtemps du succès de sa ruse, car le capitaine des pirates commence à se douter de quelque chose : « Esprit qui hante ce lagon sombre le soir, m'entends-tu ? » crie-t-il. La prudence voudrait que Peter ne réponde rien, mais il ne peut s'en empêcher. Il s'écrie aussitôt, imitant toujours la voix de Crochet : « Hoccum, Poccum, Scoccum, je t'entends ! »

En cet instant suprême, les hommes de Crochet, saisis de terreur, s'accrochent l'un à l'autre, mais lui ne flanche pas.

« Qui es-tu, étranger ? Parle ! demande-t-il

— Je suis Jas Crochet, répond la voix. Capitaine du *Jolly Roger* ! »

Crochet tente alors une autre méthode : « Alors, si tu es Crochet, dit-il avec humilité, dis-moi qui je suis, moi ?

— Un cabillaud, répond la voix. Rien qu'un cabillaud !

— Un cabillaud ! » L'écho indigné vient de Crochet.

C'est à ce moment-là, et pas avant, que sa fierté est brisée et qu'il voit ses hommes s'éloigner de lui.

« Nous avions un cabillaud pour chef pendant tout ce temps ! murmurent-ils entre eux. « C'est blessant pour notre amour-propre ! »

Mais il ne fait pas attention à eux. Face à cette réalité si effrayante, ce n'est pas de leur confiance qu'il a le plus besoin, mais de la sienne. Il sent que son moi lui échappe.

« Ne m'abandonne pas, mon tyran », lui chuchote-t-il.

Comme chez tous les grands pirates, il y a dans la sombre nature de Crochet un soupçon de féminité qui lui donne parfois de bonnes intuitions. Il tente donc un jeu de devinette : « Crochet, appelle-t-il, as-tu une autre voix ? »

Peter, qui est incapable de résister à un jeu, répond allègrement de sa propre voix :

« Oui, j'en ai une autre.
– Et un autre nom?
– Oui, oui.
– Légume? demande Crochet.
– Non.
– Homme?
– Non. » Cette réponse est faite avec ironie.
« Garçon?
– Oui.
– Garçon ordinaire?
– Non.
– Garçon merveilleux? »
Au grand désespoir de Wendy, la réponse fuse :
« Oui! Tu n'arrives pas à deviner? fanfaronne Peter.
Est-ce que tu donnes ta langue au chat? »
Gonflé d'orgueil, il pousse le jeu trop loin, et les gredins y voient leur chance.
« Oui, oui, crient-ils avec enthousiasme.
– Et bien, répondit-il. Je suis Peter Pan!
– Pan! »
Cette déclaration changea tout pour Crochet.
Curieusement, il lui fallait à la fois détruire et conserver l'image de ce garçon merveilleux, afin de pouvoir être lui-même autre chose qu'un pauvre cabillaud. Un père Crochet a besoin de la présence de son fils, seule justification d'une vie sans plaisir, afin de lui transmettre sa blessure.

Douloureuse injustice

Dès lors, l'affrontement était inévitable. Ce ne fut pas dans l'eau qu'ils se rencontrèrent, mais sur le rocher. Crochet se hissa pour reprendre son souffle et, au même moment, Peter escalada le côté opposé. Mais le rocher était glissant comme un ballon, et ils furent obligés de ramper au lieu de grimper. Chacun d'eux ignorait la progression de l'autre. Chacun tâtonnait à la recherche d'une adhérence à la surface de la pierre, comme on s'accroche à sa mère et c'est ainsi qu'ils se saisirent l'un l'autre : surpris, ils levèrent la tête, leurs visages se touchaient presque.

On pourrait penser que Peter eut peur à ce moment-là. Bien au contraire, le seul sentiment qu'il éprouva fut du bonheur (avait-il enfin rencontré son double?) et il montra gaiement ses jolies petites dents.

« Rapide comme la pensée, il saisit le couteau de Crochet et se prépara à le planter dans son corps, quand il se rendit compte qu'il se trouvait plus haut sur le rocher que son ennemi. Il n'aurait pas été juste de le tuer en profitant d'un tel avantage; il tendit sa main au pirate pour l'aider à monter. Mais à ce moment, Crochet le mordit cruellement. Ce ne fut pas la douleur mais l'injustice qui sidéra Peter, au point de le rendre incapable de réagir. Il ne sut que regarder Crochet fixement, horrifié par son geste.

Tous les enfants sont ainsi atteints la première fois qu'on leur fait subir une injustice. La seule chose qu'exige un enfant quand il vient se livrer à quelqu'un, c'est la loyauté. Si cette personne se montre déloyale avec lui, il l'aimera encore, mais il ne sera plus jamais le même enfant. Personne ne se remet de la première injustice. Sauf Peter. Lui la rencontre souvent, mais il l'oublie chaque fois. C'est la grande différence entre lui et les autres. Il vécut donc cette nouvelle rencontre avec l'injustice comme si c'était la première fois : " Il ne put que regarder devant lui passivement... Et par deux fois le crochet de fer le griffa. "

Peter, blessé, resta seul sur le rocher qui était devenu très petit ; bientôt il allait disparaître sous la surface. Quelques pâles rayons de lumière glissaient sur l'eau et on entendait au loin le son le plus harmonieux et le plus mélancolique du monde ; la voix des sirènes quand elles appellent la lune.

Peter n'était pas tout à fait comme les autres garçons ; pourtant cette fois il eut peur. Un frisson traversa son corps comme une vague soulève la mer. Mais alors que sur la mer, les vagues se succèdent par centaines, Peter lui, ne ressentit qu'un seul frisson. L'instant d'après il était debout, à nouveau dressé sur le rocher, avec son fier sourire et un tambour battait dans son cœur. Le bras levé, il s'exclamait : " Mourir sera une très grande aventure ! " »

« Mourir sera une très grande aventure » : ces mots distinguent Peter des autres enfants et ils trahissent la profondeur de sa tristesse. Quand l'incapacité de ressentir est assez puissante pour éteindre chez un enfant jusqu'à la peur de la mort, c'est que celui-ci ne peut aller plus loin dans la désolation et le désespoir. Comme il est capable de jouer avec ce qu'il n'a pas, sa vie même devient l'enjeu d'une grande aventure.

Pour faire semblant

Tout était jeu au Jamais-Jamais.

Mais le jeu préféré des garçons perdus et des enfants Darling, depuis l'arrivée de ces derniers dans l'île, c'était : « papa-maman ». Wendy jouait la « petite mère » à la perfection et Peter tenait bien sûr le rôle du « père ». Or, un jour, ce jeu si proche de la réalité l'avait troublé; il ne savait plus s'il s'agissait d'un rêve ou s'il était éveillé :

« " Peter, qu'y-a-t-il? demanda Wendy.

– J'étais en train de réfléchir, répondit-il, un peu inquiet. Dis-moi, c'est pour faire semblant que je suis leur père, n'est-ce pas?

– Mais bien sûr, voyons, assura Wendy, d'un air pincé. Peter, ajouta-t-elle, en essayant d'affermir sa voix, quels sont exactement tes sentiments pour moi?

– Ceux d'un fils dévoué, Wendy.

– C'est bien ce que je pensais, soupira-t-elle, et elle partit s'asseoir toute seule de l'autre côté de la pièce. "

Peter était tout à fait sincère; il était incapable d'imaginer ce qu'une femme pouvait attendre de lui, à part le protéger en lui créant un intérieur bien confortable. »

Est-il possible pour un homme d'aimer une femme, quand il vit avec le crochet de son père au creux du ventre? Comme Peter, ce fils a tendance à être passif devant une femme, à la traiter comme une mère, car s'il se laissait aller à la désirer sexuellement, il aurait peur de la tuer. Le désir sexuel est un mélange d'agressivité et de tendresse; quand la tendresse est paralysée, l'agressivité paraît meurtrière.

Avec le temps, les enfants tristes comprennent qu'il n'est plus possible de « faire semblant » en jouant à « papa-maman », qu'une histoire d'amour entre un homme et une femme est une chose très sérieuse, et qu'elle peut faire très mal.

Un jour un homme est venu me voir pour me raconter son histoire. En l'écoutant, je fus frappée par l'idée que cet homme n'avait jamais connu l'amour avec aucune femme, malgré deux mariages et de multiples aventures. Alors qu'il n'est pas dans mes habitudes de poser des questions intimes aussi directement, je lui demandai soudain : « Avez-vous déjà aimé une femme ? » Il me regarda un peu surpris, réfléchit puis : « Non, jamais. »

Peu d'hommes et de femmes parviennent à être aussi honnêtes avec eux-mêmes sur ces questions. Mais les enfants tristes, quand ils se retrouvent désemparés dans un corps d'adulte, viennent souvent demander conseil. Car même s'ils peuvent jouer sans gêne à faire semblant, les choses sont différentes pour leur partenaire.

Parfois l'homme, Peter Pan, trouve une Wendy prête à tout accepter mais souvent aussi, quand Wendy est fatiguée et quitte son Peter, celui-ci reste là, tout à fait perdu, n'ayant rien compris à ce qui s'est passé.

Était-ce la déception ressentie encore une fois à cause d'un homme, comme précédemment avec son père, qui décida Wendy à quitter enfin le Jamais-Jamais ? En tout cas, elle sentit qu'il n'existait pas de raccourci pour grandir ; faire semblant d'être mère ne l'aiderait pas à le devenir. Il arrive aux femmes qui n'ont pas encore achevé leur enfance de décider d'avoir un enfant, dans l'espoir que celui-ci les fera grandir. Hélas, le bébé placé dans cette situation risque de répondre aux besoins profonds de sa mère, c'est-à-dire, de prendre la place maternelle, renonçant ainsi, dès sa naissance, à son lit de bébé.

Wendy comprit qu'elle avait encore besoin de sa vraie mère pour pouvoir devenir mère à son tour. Cette pensée s'accompagnait d'une prise de conscience nouvelle : sa mère pouvait s'inquiéter de leur absence. Pour la première fois, elle acceptait de ressentir les émotions de sa mère. Était-ce un pas vers la maternité ?

Tout ceci était possible pour Wendy parce qu'elle « savait combien l'amour d'une mère est infini » ;

contrairement à Peter, elle restait convaincue que sa mère avait laissé la fenêtre ouverte pour le retour de ses enfants. Elle le répétait avec assurance dans le récit qu'elle faisait chaque soir aux enfants.

Mais elle transgressait les règles du Jamais-Jamais. En laissant entrer sa vraie mère (une façon d'admettre ses origines), elle introduisait aussi le temps, c'est-à-dire l'avenir.

Les yeux d'une mère

« " Et est-ce que les enfants sont retournés chez eux ? demanda un des garçons perdus.

– Jetons un coup d'œil dans l'avenir ", répondit Wendy. Ils se contorsionnèrent tous de façon à mieux regarder.

" Des années ont passé. Voyez, chers petits. " Wendy leva le doigt : " Voyez la fenêtre, toujours ouverte. Les enfants se sont envolés vers leur papa et leur maman ; ils sont ainsi récompensés pour leur foi suprême en l'amour maternel. L'encre ne peut décrire cette scène de bonheur sur laquelle nous tirons un voile pudique ! "

Mais Peter était si perturbé par ce récit qu'il décida de dévoiler son secret, la tragédie de sa vie :

" Il y a longtemps, j'ai pensé comme vous, que ma mère laisserait la fenêtre ouverte pour toujours ; je me suis absenté pendant des lunes et des lunes, mais quand je suis rentré j'ai trouvé des barreaux à la fenêtre ; ma mère m'avait oublié et il y avait un autre garçon endormi dans mon lit.

– Wendy, rentrons ! crièrent Jean et Michel ensemble. " »

On voit que la décision de quitter le Jamais-Jamais

peut être prise très rapidement, une fois qu'elle est devenue nécessaire. Wendy était prête à ramener tout le monde à la vraie vie, là où les mères sont mères et les enfants des enfants... Mais Peter refusa de les suivre.

Pour montrer son indifférence, il dansa même autour de la maison, jouant sur sa flûte, gai et sans cœur. Elle essaya de le convaincre : « Pour trouver ta mère... »

Or si Peter avait vraiment eu une mère, elle ne lui manquait plus. Il pouvait très bien exister sans elle maintenant. Il y avait beaucoup réfléchi et il ne se souvenait que du mauvais côté...

Un enfant triste m'a dit un jour : « J'ai mal à ma mère » et rien de plus horrible ne pouvait lui arriver. Souvent, l'enfant triste ne peut exprimer que le mal qu'il pense de sa mère. Comme cette jeune femme qui pendant des années est venue me voir pour me dire combien sa mère était horrible avec elle. Le plus « horrible » était que cette mère avait abandonné sa fille un certain temps chez sa grand-mère, alors qu'elle n'avait que trois ans. Mais cette blessure-là, la fille n'arrivait pas à la ressentir. A la place de ce trou, elle s'inventait une sorcière de mère, sur laquelle elle pouvait cracher son venin. Quand elle eut vidé son sac, sa mère redevint une femme formidable et aimante.

Rien ni personne au monde ne pouvait convaincre Peter de quitter le Jamais-Jamais, tellement il s'était accroché à l'image négative de sa mère. C'était devenu sa possession la plus précieuse.

On pense parfois que lorsque l'image de la mère est si négative, l'enfant s'en détache plus facilement. Souvent, c'est tout à fait le contraire qui se produit et l'enfant ne parvient jamais à prendre de la distance.

L'homme qui ne pouvait aimer aucune femme me disait un jour qu'il sentait la présence de sa mère partout. Alors qu'elle était morte depuis des années, il avait l'impression qu'elle était sans cesse derrière la porte. Une telle mère ne peut que barrer la route de l'amour, car le fils doit rassembler toutes ses forces pour lui résister.

Départ du Jamais-Jamais

Le Jamais-Jamais ne se démantèle pas si facilement, il ne se quitte pas sans conflit! Bien que Peter ne voulût pas suivre les enfants, il feignait de les aider dans leurs projets de départ; ce moment d'inattention permit à Crochet de mener à bien son sinistre plan.

Profitant d'un moment où personne ne pensait plus aux pirates, il réussit à capturer les enfants, et à les emmener sur son bateau! Au Jamais-Jamais on ne peut être sûr de rien, les conflits les plus redoutables peuvent surgir sur un seul instant de distraction, surtout lorsqu'un changement est en train de s'effectuer.

Quand Peter Pan apprit la capture de Wendy et des garçons perdus, il jura de les délivrer et il fit un serment terrible : « Cette fois-ci, c'est lui ou moi! »

Cependant Crochet marchait de long en large sur le pont, blessé au fond de l'âme, comme submergé par son succès! En dépit de son triomphe apparent, il ne laissait voir aucun signe de victoire dans sa démarche, soumise au rythme de son esprit torturé. Crochet était en fait profondément déprimé.

« Il lui arrivait souvent de se trouver ainsi, en communion avec lui-même, dans la quiétude de la nuit sur le pont de son bateau. C'était l'effet de sa profonde solitude. Cet homme impénétrable ne se sentait jamais aussi seul que quand il était entouré de ses " chiens ". »

Peter, bien décidé à maîtriser le Jamais-Jamais, trouva la solution afin que tout rentre dans l'ordre; une fois de plus, il eut recours à sa stratégie d'imitation : il se glissa dans la peau du crocodile. Celui-ci venait de passer près de lui, sans faire entendre le tic-tac qui signalait habituellement son approche au capitaine Crochet :

« Sans se soucier une seconde des sentiments de celui qui avait perdu son compagnon le plus cher, Peter réfléchit au moyen de tourner cette catastrophe à son avantage; il décida d'imiter ce tic-tac et il y réussit admirablement. »

Grâce à cette nouvelle identité, il grimpa facilement à bord du bateau et se cacha dans la cabine, comme un monstre dans le ventre ignoble du colosse. De là, il fit entendre son tic-tac pour terrifier son ennemi.

« La transformation de Crochet fut en effet effrayante à voir. Il s'effondra comme une loque. Même son crochet de fer pendait, inerte. Il rampa à quatre pattes sur le pont vers le coin le plus éloigné possible du bruit affreux. Les pirates lui ouvraient le passage avec respect. " Cachez-moi ", gémissait-il d'une voix enrouée. Ils l'entourèrent, mais l'idée de se battre pour le défendre ne leur vint pas. »

Crochet était enfin devant son destin. Destin, crocodile, Peter...

Entre-temps, Peter avait libéré les garçons. Wendy attendait toujours, attachée au pied du mât. Peter défit ses liens et cette fois ce fut sa place qu'il prit. Ce nouveau changement d'identité lui permit de surprendre les pirates. La bataille commença : Crochet et Peter étaient face à face.

« Les autres reculèrent pour former un cercle autour d'eux. Pendant un temps les deux ennemis se regardèrent; Crochet frissonnant un peu, et Peter avec un étrange sourire.

" Alors Pan, c'est toi qui a tout manigancé?

– Oui, Crochet, c'est moi.

– Fière jeunesse insolente, sois préparé à rencontrer ta fin! dit Crochet.

– Sombre homme sinistre, prends ça! " répondit Peter. Et sans plus de mots leurs épées se croisèrent. Ils ne s'arrêtèrent que lorsque Peter eût blessé Crochet, le perçant entre les côtes. En voyant son propre sang, dont il ne supportait pas la couleur, comme on sait, Crochet laissa tomber son épée. Il était enfin à la merci de Peter.

" Pan qui es-tu? s'écria-t-il d'une voix entourée.

– Je suis la jeunesse, je suis la joie! répondit Peter aussitôt. Je suis un petit oiseau qui vient de sortir de son œuf! "

C'était absurde, bien sûr; mais c'était la preuve pour le malheureux Crochet que Peter ne savait absolument pas qui il était.

Crochet devait admettre que sa dernière heure était bien arrivée. Voyant Peter s'avancer lentement vers lui, en brassant l'air avec son épée, il préféra enjamber le bastingage pour sauter dans la mer. Il ne savait pas que le crocodile l'attendait. »

Ce soir-là, les garçons perdus s'endormirent dans les couchettes des pirates; mais Peter fit longtemps les cent pas sur le pont avant d'aller se coucher. Ensuite il eut un cauchemar et Wendy dut le serrer très fort contre elle car il sanglotait dans son sommeil.

L'arrivée

Au nº 14, la fenêtre était ouverte, comme chaque soir, pour accueillir les enfants. Les lits étaient prêts et M. Darling s'était endormi, comme d'habitude, dans la niche de Nana. Depuis le départ des enfants, il avait décidé que c'était sa place. Cela lui apprendrait à être jaloux d'un chien!

Quand à Mme Darling, elle avait perdu sa gaieté de jadis.

Était-ce de sa faute si elle aimait trop ses petits? Elle était si triste à voir dans la chaise où elle s'était assoupie. Le coin de sa bouche était presque méconnaissable. Ses mains s'agitaient constamment sur sa poitrine, comme pour chasser une grande douleur.

Peter arriva le premier devant la fenêtre et il s'empressa de la fermer pour faire croire à Wendy que sa mère ne l'avait pas attendue. Mais, à ce moment, il vit deux grosses larmes sur les joues de Mme Darling.

« " Elle veut que j'ouvre la fenêtre, ricana Peter, mais je ne le ferai pas, pas moi! " Il regarda de nouveau, les larmes étaient toujours là et deux autres s'y étaient ajoutées.

" Elle aime beaucoup Wendy ", se dit-il, très fâché contre elle car elle n'avait pas l'air de comprendre pourquoi elle ne pouvait revoir Wendy. Pourtant la raison était simple : " Je l'aime bien moi aussi. On ne peut pas l'avoir tous les deux! "

Cependant, la dame ne renonçait pas. Il s'efforça de ne pas la regarder, mais elle ne le lâchait plus. Il se mit à sauter dans tous les sens, en faisant des grimaces, mais lorsqu'il s'arrêta, il eut l'impression qu'elle était à l'intérieur de son cœur, frappant contre la paroi.

« Bon, d'accord ! » dit-il à la fin, avalant sa salive. Il ouvrit la fenêtre.

« Viens Clochette, s'écria-t-il avec un profond mépris, nous ne voulons pas de ces stupides mères ! » et il s'envola. »

On voit bien comment certaines mères sont capables d'imposer leurs désirs à un enfant, sans un mot, en s'installant dans son esprit.

Aussitôt qu'ils eurent atterri dans leur chambre, les enfants se glissèrent chacun dans leur lit, bien que le plus jeune eût quelques difficultés à reconnaître le sien. La surprise de Mme Darling fut d'autant plus grande en les découvrant qu'elle croyait avoir rêvé ! Enfin, elle appela son mari et Nana pour partager sa joie.

« Il était impossible d'imaginer une scène plus attendrissante ; mais il n'y avait personne pour la voir, personne sauf un étrange garçon, de l'autre côté de la fenêtre. Lui qui avait vécu tant d'extases, ignorées des autres enfants, regardait à présent cette joie dont il était exclu pour toujours. »

Nettoyage de printemps

En apprenant l'existence des garçons perdus, les parents furent tout de suite d'accord pour les adopter. Restait Peter.

Mme Darling proposa de l'adopter aussi, mais quand il sut que la condition de cette nouvelle existence était de devenir un homme, il refusa tout net. Ce qu'il voulait c'était que Wendy retourne avec lui au Jamais-Jamais. Celle-ci supplia sa mère, comme si elle se sentait à nouveau incapable de résister :

« Il a tant besoin d'une maman !

– Toi aussi, ma chérie. »

Finalement un compromis fut trouvé : Wendy pourrait rendre visite à Peter chaque année, au moment du nettoyage de printemps. Elle aurait préféré un autre arrangement car cela lui paraissait très loin; pourtant cette promesse permit à Peter de repartir tout joyeux. Il n'avait aucune notion du temps et il avait tant d'autres aventures à vivre...

Wendy dut s'en douter un peu quand elle lui dit : « Tu ne m'oublieras pas, n'est-ce pas Peter? »

Peter promit bien sûr et il s'envola aussitôt. Il emportait avec lui le baiser de Mme Darling. Ce baiser qui n'était destiné à personne, il put le prendre facilement. Comme c'est drôle! Mais elle en parut contente.

A la fin de la première année, Peter vint chercher Wendy. Pour l'occasion, elle avait revêtu la robe qu'elle avait cousue autrefois au Jamais-Jamais avec des feuilles, en espérant qu'il ne remarquerait pas combien elle était devenue courte. Il ne vit rien du tout, il avait tant à dire sur lui-même! Elle était impatiente aussi de parler avec lui des choses du temps passé, mais trop de nouvelles aventures avaient encombré l'esprit de Peter.

« Qui est le capitaine Crochet? demanda-t-il avec intérêt quand elle parla du grand ennemi.

– Tu ne te souviens pas que tu l'avais tué pour sauver nos vies?

– J'oublie tous mes ennemis une fois que je les ai tués, répondit-il, avec une certaine nonchalance. »

Afin de ne pas trop souffrir, l'enfant triste est obligé de « tuer » les souvenirs chargés d'une grande émotion. Le jeune sportif incapable de profiter des plaisirs de sa vie, me parlait d'un « brouillard » qui masquait ses sentiments. Longtemps auparavant, il avait vécu des émotions tellement insupportables qu'il avait été obligé de les tuer.

113

« Rien voir, rien entendre, rien sentir », disait-il.

Pour Peter, Wendy essaya de ne pas grandir trop vite et elle se sentit infidèle quand elle reçut un premier prix au concours de connaissances générales.

« Beaucoup d'années passèrent encore sans que ce garçon négligent daigne apparaître. A leur rencontre suivante, elle était devenue une femme. Elle était mariée, et Peter n'était plus pour elle qu'un peu de poussière au fond de la boîte dans laquelle elle gardait ses anciens jouets. Il est inutile d'être triste pour elle, elle était d'une sorte qui aime grandir. »

Elle avait une fille qu'on appelait Jane et qui adorait entendre sa mère lui raconter tout ce qu'elle savait encore de Peter Pan et du fabuleux voyage :

« Dire que je savais voler ! Tu sais, Jane, parfois je me demande si je volais vraiment.

— Oui, tu volais.

— Ah, les bons vieux jours quand je pouvais voler ! »

La trahison

« Un soir, après que Wendy eût raconté l'histoire, alors qu'elle était assise par terre devant la cheminée, la tragédie se produisit. La fenêtre s'ouvrit brusquement, et Peter atterrit sur le plancher.

Il était exactement comme avant, et Wendy vit tout de suite qu'il avait encore ses dents de lait. Elle se blottit contre la cheminée, impuissante, n'osant pas bouger, coupable d'être une si grande femme.

"Salut Wendy", lui dit-il, sans remarquer la différence, car il pensait surtout à lui-même. Dans la pénombre on aurait pu prendre sa robe blanche pour la chemise de nuit dans laquelle il l'avait connue au début.

" Bonsoir Peter ", répondit-elle tout bas, en se faisant aussi petite que possible. Quelque chose à l'intérieur d'elle-même criait " femme, femme, lâche-moi ".

Peter chercha des yeux les deux garçons dans les lits. Wendy fut obligée de dire :

" Ce n'est pas Michel. "

Peter regarda :

" Hé, c'est un nouveau ?

– Oui.

– Garçon ou fille ?

– Fille. "

Wendy comprit bientôt qu'il était venu la chercher. Mais elle eut beau lui dire qu'elle ne pouvait plus voler, il ne voulut rien savoir. Alors elle se leva, et une grande peur saisit Peter :

" Qu'est-ce que c'est ? cria-t-il en reculant.

– Je vais allumer la lampe, et tu pourras constater toi-même. "

Pour la première fois de sa vie, que je sache, Peter fut effrayé : " Non, ne mets pas la lumière ! " supplia-t-il.

Émue, elle caressa les cheveux du garçon tragique. Elle n'était plus une petite fille dont le cœur se brisait pour lui ; elle était une vraie femme qui souriait de tout cela, mais son sourire était humide.

Puis elle alluma la lampe, et Peter la vit. Il poussa un cri de douleur.

Quand cette grande et belle créature se pencha pour le prendre dans ses bras, il fit un bond en arrière.

" Qu'est-ce que c'est ? " s'écria-t-il encore.

Elle fut obligée de lui dire :

" Je suis vieille maintenant, Peter. J'ai beaucoup plus de vingt ans. Il y a longtemps que j'ai grandi.

– Tu avais promis de ne pas le faire !

– Je n'ai pas pu m'en empêcher. Je suis une femme mariée, et la petite fille dans le lit est mon enfant.

– Non, c'est faux ! "

Il savait bien pourtant que c'était la vérité car il saisit son épée, prêt à frapper. Il n'en fit rien, bien sûr ; au lieu de cela il s'assit par terre et il éclata en sanglots, et Wendy, qui jadis avait su comment faire, ne savait plus du tout comment le réconforter. Elle n'était qu'une femme maintenant, et elle quitta la pièce en courant pour essayer de réfléchir.

C'est à ce moment que Jane se réveilla... Inutile d'en dire davantage, il est facile d'imaginer la suite ! »

Ne jamais grandir

Pauvre petit enfant triste ! Est-il toujours le héros du Jamais-Jamais ou en est-il devenu le prisonnier ? L'énigme de l'histoire reste entière : Wendy a pu utiliser ce lieu pour grandir, alors que Peter est voué à répéter sans fin aventures et batailles. Même si les personnages changent, leurs rôles restent identiques.

La dernière image, ce petit garçon en larmes aux pieds de la grande dame, rappelle celle de Peter Pan bébé, frappant au carreau de la fenêtre. Derrière celle-ci demeure la mère, sans laquelle il est impossible de grandir. Peter est devant cette mère inaccessible comme un enfant devant le cercueil d'un parent mort.

Une grave question demeure : comment Wendy a-t-elle pu quitter le Jamais-Jamais alors que Peter y est toujours resté ? Nous avons vu comment une déception, un moment de tristesse, une perte d'illusion ont suffi à ces deux enfants pour qu'ils disparaissent et qu'ils basculent dans le Jamais-Jamais, où tout est possible.

Peter prétend qu'il a choisi de quitter ses parents le jour de sa naissance ; il admet qu'il aurait aimé revenir, mais qu'on n'a plus voulu de lui. Ce rejet parental a déterminé toute son existence, et on pressent que s'il devenait adulte, un jour il ressemblerait au capitaine Crochet car lui aussi doit connaître la haine de soi.

Pense-t-il que la présence de Wendy va changer les choses au Jamais-Jamais ? Que l'amour d'une petite mère va remplacer l'amour de sa propre mère ? Et que grâce à cet amour il pourra s'aimer lui-même ? Pourtant, Solomon Caw l'a dit, il n'y a pas de deuxième chance.

Pour Wendy, le Jamais-Jamais a une autre fonction. Sa disparition va peut-être donner une leçon à ses parents : à son père qui lui a menti et à sa mère parce qu'elle est sa rivale et parce qu'elle ne l'a pas protégée de la déception paternelle. Mais pour pouvoir ainsi disparaître, il faut que l'enfant ait une très grande confiance dans ses parents et dans leur amour. Souvent les enfants qui par exemple « se collent » le plus à leur mère sont ceux qui ont peur d'être abandonnés.

Quand Wendy arrive au Jamais-Jamais, elle a déjà une sexualité bien établie. Elle a franchi la frontière entre le rêve d'être un garçon et la certitude d'être une fille.

Avec ses frères elle assume sa féminité, même au prix de la dévalorisation – car il est dans l'ordre des choses que chaque sexe pense qu'il est le meilleur. D'ailleurs Wendy, comme ses frères, est très surprise quand Peter valorise le sexe féminin.

Aurait-il envie de se l'approprier ? Un enfant triste a besoin de croire à la possibilité d'être à la fois garçon et fille, homme et femme...

Wendy aime beaucoup jouer à la petite mère. Cela

lui permet d'imiter sa mère (pour Peter Pan en revanche, il n'est jamais question d'être un père!) et il est certain que ce séjour au Jamais-Jamais prépare son avenir.

Pourtant elle n'oublie pas ses vrais parents et elle fait l'effort de les garder en mémoire pour ses frères, en racontant des histoires sur la famille de Londres.

Je pense que ces éléments tangibles et vrais de son identité lui permettent de reconnaître le moment de danger où le Jamais-Jamais risque de se refermer sur elle; elle peut décider à temps de retourner à la réalité. Certes, elle conservera toujours une pointe de nostalgie pour Peter, mais cela ne l'empêchera pas de grandir et d'avoir un enfant. La seule interrogation qui subsiste c'est son mari, dont nous ignorons tout. Mais est-ce l'affaire de Wendy ou celle de l'auteur?

Chapitre IV

L'ENFANCE OUBLIÉE

La plupart des gens reconnaissent, à la rencontre de Peter Pan, ce petit enfant qu'ils ont été un jour, et qu'ils ont tendance à oublier. Les souvenirs d'enfance sont ainsi ; on se demande s'ils ont vraiment existé... Il s'agit bien sûr de souvenirs très anciens, par exemple celui de sa naissance, ou celui d'avoir été tenu dans les bras de sa mère, ou d'avoir tété son sein ; ou encore le souvenir de cet instant où elle s'éloignait, nous laissant seuls, tout petits, hurlant de désespoir car nous ne savions pas si elle allait revenir.

Nous avons tous en commun ces expériences, mais nous les avons tellement bien écartées, une fois devenus grands, que nous avons honte d'y penser, et que nous n'en parlons jamais. Personne ne va dire, par exemple, dans une conversation, même la plus intime : « Je me souviens comment je glissais le long du tunnel, et combien c'était étrange et effrayant de sortir de cet œuf bien chaud et gluant qu'était le ventre de ma mère. »

Personne ne parle de ça ! Ou bien on en parle autrement, on rêve que l'on traverse un tunnel et qu'il faut absolument sortir de l'autre côté sinon on étouffera, et on se réveille en sueur, haletant d'effroi. Mais ce n'était qu'un rêve.

La mère qui met au monde un bébé (moment exceptionnel dans la vie d'une femme qui, après avoir abrité un autre être humain pendant neuf mois, avoir tout partagé avec lui, va le laisser sortir d'elle-même, au prix de sensations volcaniques intenses), cette mère se souvient, pendant un bref instant, de sa propre naissance. Mais très vite on prend des photos autour d'elle, on fait des baptêmes ou des circoncisions, et de nouveau tout se passe comme si de rien n'était.

Ces oublis sont bien étranges. Une autre question fondamentale, dont chacun a beaucoup de difficultés à parler, c'est la façon dont le bébé entre dans le ventre de sa mère, et sous quelle forme. L'enfant a le plus grand mal à se le représenter, pourtant il est capital pour lui de savoir comment il a été fait, et s'il y avait du désir dans cet acte.

Ensuite vient le jour du départ, où il faut quitter ceux qu'on aime. Cela non plus nous ne pouvons pas l'imaginer. La mort de l'autre, d'un être aimé, est déjà impensable, mais en ce qui nous concerne, nous sommes convaincus que nous existerons toujours. « Il est tout à fait triste que la vie soit comme un jeu d'échecs, écrit Freud; un faux pas peut nous forcer à renoncer au jeu, avec cette différence que nous ne pourrons pas recommencer une deuxième fois. »

Ainsi nous oublions ces choses les plus simples, les plus évidentes et les plus terribles, nous n'en parlons pas, mais elles nous tourmentent du début à la fin de nos existences.

Archéologie

Certaines personnes ont fait de ces questions le but de leurs vies. Elles se sont consacrées à un véritable travail archéologique, remontant dans la préhistoire de l'esprit pour essayer de retrouver les formes et les contours des moments vécus aussi intensément et aussitôt oubliés. Un de ces archéologues était Sigmund Freud, un autre James Matthew Barrie, l'auteur de *Peter Pan*.

Il peut paraître étrange de faire rencontrer ces deux hommes, l'un juif originaire de Galicie, émigré à Vienne; l'autre écossais, protestant, émigré à Londres, bien qu'ils soient nés à quelques années de distance, Sigmund Freud le 6 mai 1856 à Freiberg, en Moravie, et James Barrie quatre années et trois jours plus tard, le 9 mai 1860 à Kirriemuir, en Écosse.

Ce qui, à mon avis, rapproche les deux hommes, c'est le fait que tous deux ont puisé dans leur désespoir personnel pour construire une œuvre, grâce à leurs enfances perdues.

Sans doute avaient-ils aussi d'autres points communs. L'un et l'autre étaient de famille nombreuse. Freud naquit dans une modeste maison de Freiberg. Il était le premier fils d'Amalia, de vingt ans plus jeune que son mari. Son père avait déjà deux fils, l'un marié avec deux enfants (le second venait de naître), l'autre célibataire, de l'âge d'Amalia. Ce marchand de tissus n'était pas riche, mais il avait beaucoup d'ambition pour son fils. Quant à Amalia, une voyante lui avait prédit que Sigmund serait un grand homme. Très tôt, celui-ci se sentit le préféré de sa mère et cette impression ne le quitta jamais : « Au fond de moi-même, enfoui, existe toujours cet enfant heureux de Freiberg, le premier-né d'une jeune mère, nourri de ces impressions initiales, indélébiles, façonné par la terre d'origine. »

Il écrivit aussi plus tard que le jeune homme qu'il avait été, favori inconditionnel de sa mère, avait puisé dans un sentiment d'estime de soi triomphant, les germes de son succès futur. Sigmund avait dix-huit mois, lorsque naquit un deuxième petit garçon, Julius, qui mourut sept mois plus tard. Il ne regretta pas la mort de ce rival : « L'enfant en veut à cet intrus non désiré, ce rival. Il lui reproche non seulement le fait de téter, mais aussi toute démonstration propre à accaparer les soins maternels. Il se sent détrôné, gâché, dépossédé de ses droits. Il éprouve une haine jalouse pour ses petits frères et sœurs, et développe une rancune contre cette mère infidèle, qu'il exprime par un changement désagréable dans son comportement. Nous formons rarement une perception juste de la force de ces impulsions de jalousie, de la tenacité avec laquelle elles persistent, ainsi que de leur influence sur notre développement ultérieur. »

Place à prendre

A l'âge de deux ans et demi, Freud subit un véritable traumatisme avec la naissance de sa sœur Anna. Brusquement sa mère disparut de la maison et son demi-frère Philip licencia au même moment une nurse qui s'occupait de lui. Le petit garçon cherchait désespérément les deux femmes qui comptaient le plus dans sa vie. Philip lui expliqua que la nurse avait été *eingekästelt*, « mise en boîte » (expression allemande pour dire emprisonnée, car on la soupçonnait d'avoir volé). Le petit Sigmund suppliait son frère de faire sortir sa mère, prisonnière de la grande malle qui se trouvait dans sa chambre. Quand celle-ci réapparut, belle et mince, avec la nouvelle rivale, Sigmund se demanda si ce n'était pas son frère Philip qui avait mis ce bébé à l'intérieur de sa mère. Cette question, pour ce petit garçon de deux ans et demi devint à la fois nécessaire et dangereuse.

Ce sont ces reflets d'ombres originaires, déposés dans l'esprit du petit Sigmund Freud, et oubliés pendant des années, qui ont probablement donné naissance à sa curiosité passionnée et tissé la trame première de la psychanalyse. Tant de mystères pour un enfant : sa jeune mère enceinte d'une rivale ; son grand frère qui semblait impliqué d'une manière étrange ; son neveu plus âgé que lui, à la fois ami et ennemi ; son père qui aurait pu être son grand-père.

La disparition d'une mère, la naissance d'un bébé, la mort d'un père, peuvent tout désorganiser pour un enfant et lui faire perdre le sentiment de sécurité qu'il a d'abord connu. Alors, pour retrouver une place, il est souvent tenté de prendre... celle de ses parents. Wendy, par exemple, a pu détrôner sa mère au pays du Jamais-Jamais.

Les enfants ne sont pas seulement habiles, ils sont à l'affût d'une occasion de prendre la place des grandes personnes ; la moindre confusion, la moindre faille, peuvent les inciter à s'emparer du pouvoir. Ils ont ainsi l'illusion d'avoir un avantage sur l'adulte, ou au moins d'occuper une position favorable.

Freud a conservé toute sa vie un attachement passionné pour sa mère. Dans sa théorie, il a particulièrement idéalisé la relation entre mère et fils. A ses yeux, toute relation intime et durable est toujours teintée d'ambivalence ; c'est-à-dire que l'amour et la haine s'y mêlent à un moment ou à un autre. La seule relation exempte de ces doubles sentiments est celle qui existe entre une mère et son fils ; car une relation fondée sur le narcissisme n'est pas perturbée par des rivalités.

Freud avait une confiance absolue dans sa relation avec sa mère, et il ne l'a jamais remise en cause, même pendant ses longues années d'auto-analyse. Il ne put jamais imaginer que cet amour était d'une quelconque manière entravé par l'affection que sa mère portait à ses autres enfants. En dépit de leur présence, il se savait le préféré.

Les ambitions que ses parents avaient pour lui, le judaïsme, la pauvreté et cet arrière-plan riche en fantasmes originaires ont certainement contribué pour une large part au courage quasi héroïque avec lequel il a consacré sa vie à une œuvre difficile et originale.

Le garçon merveilleux

James Mathew Barrie était le neuvième enfant et le troisième fils d'une famille de modestes tisserands écossais. Comme Freud, il naquit dans une très petite maison ; tout le monde vivait, dormait et mangeait dans deux pièces. Une famille pauvre, mais dans laquelle l'ambition ne manquait pas.

Les enfants de David Barrie et Margaret Ogilvy, surtout les garçons, étaient destinés à faire des études. David Barrie, homme travailleur, silencieux, épris d'instruction, était fort respecté dans la petite communauté fermée de Kirriemuir. Margaret Ogilvy était une femme forte, autodidacte à sa manière, qui avait perdu sa mère à l'âge de huit ans. Elle était alors devenue une « petite mère » pour son frère cadet David, et une maîtresse de maison pour son père.

Arrivant tard dans la fratrie, James ne fut pas particulièrement fêté à sa naissance. Le premier fils, Alexander, faisait déjà des études universitaires et sa mère était sûre de lui depuis le jour de sa naissance. Mais c'est sur le second fils, David, que Margaret concentrait toutes ses ambitions et tous ses rêves secrets. Il était son préféré. Studieux, calme et beau, il ne faisait pas de doute qu'il était appelé à la brillante carrière de prêtre protestant, la plus haute ambition pour une mère qui avait fait partie de « Auld Licht » – une branche fondamentaliste du protestantisme écossais.

Le jeune David épousa les désirs de sa mère; c'est dans la théologie qu'il brilla le plus, et il fut décidé qu'il continuerait ses études dans l'école où enseignait son frère Alexander. La fierté qu'elle éprouvait à chaque annonce de bonnes notes aidait Margaret à supporter son absence.

L'hiver 1867 fut particulièrement rude et le petit lac devant l'école à Bothwell gela suffisamment pour que les amateurs puissent y faire du patin. Alexander avait offert à David une paire de patins, qu'il partageait avec un petit camarade. Le soir du quatorzième anniversaire de David, les enfants s'en furent patiner sur le lac. Quand arriva le tour du camarade de David, il s'élança avec toute la force de l'adolescence, et heurta David qui tomba tête en avant sur la glace et se fractura le crâne.

Il y avait peu d'espoir de le sauver et Alexander envoya un télégramme à ses parents...

Ce drame devait marquer le petit James toute sa vie. Il écrit dans *Margaret Ogilvy*, un livre consacré à sa mère :

« Elle avait un fils qui faisait ses études au loin. J'ai peu de souvenirs de lui, sauf qu'il avait un joyeux visage et qu'il grimpait sur le cerisier comme un écureuil pour secouer les branches afin que les cerises tombent sur mes genoux. Quand il avait quatorze ans et moi la moitié de son âge, la terrible nouvelle nous parvint. On m'a raconté que le visage de ma mère était d'un calme effrayant tandis qu'elle se préparait à partir pour se mettre entre la Mort et son fils. Nous l'accompagnâmes sur la route jusqu'à la gare en bois, et je crois que j'étais envieux du voyage qu'elle allait faire dans ces wagons mystérieux ; je sais que nous jouâmes autour d'elle, contents d'être là, mais je ne m'en souviens pas, je ne parle que de ce que j'ai entendu.

Nous avons pris son ticket, elle nous a salués avec ce visage guerrier que je ne lui connaissais pas et puis mon père est sorti du bureau des télégrammes et il a dit d'une voix étranglée : " Il est parti ! " Alors nous avons fait demi-tour et nous sommes tous rentrés silencieusement le long du petit chemin... »

Margaret Ogilvy ne fut jamais plus la même. Elle s'enferma dans sa chambre et refusa de voir qui que ce soit. Jour après jour elle restait au lit, serrant entre ses doigts la robe de dentelle dans laquelle tous ses enfants avaient été baptisés.

« Je jetais de petits coups d'œil par la porte, écrit Barrie, puis je m'asseyais sur l'escalier et je pleurais désespérément. »

Le début de l'histoire

Un jour sa grande sœur, le découvrant là et ne sachant trop comment le consoler, lui conseilla d'aller voir leur mère pour lui dire qu'elle avait encore un autre fils!

« Je suis entré très excité, mais la chambre était sombre et quand j'entendis la porte se fermer, aucun son ne venant du lit, je pris peur, je ne pouvais plus bouger. Je suppose que je respirais fortement, ou peut-être pleurais-je, car après un certain temps j'ai entendu une voix lasse, une voix qui n'avait jamais été ainsi : " C'est toi? " Ce ton m'a fait si mal que je n'ai pas répondu, mais la voix a répété plus anxieuse : " C'est toi? "

Je crus qu'elle parlait au garçon mort, et je répondis d'une petite voix solitaire : " Non maman, ce n'est que moi. " Alors j'entendis un cri, ma mère se tourna dans son lit, et malgré, la pénombre je compris que ses bras étaient tendus vers moi. »

A partir de ce jour, le petit James ne quitta plus sa mère, essayant par tous les moyens de prendre la place de son frère mort.

Un premier frère mort, une petite sœur arrivée trois ans après sa naissance. Comme Sigmund Freud. Le petit Julius disparu, Sigmund a triomphé dans sa place de fils préféré. David disparu, James a pu prendre la place du fils adulé. Deux mères en pleine dépression, deux regards maternels voilés, deux mères perdues pour un petit enfant.

A quel moment commence l'histoire de James Matthew Barrie? Est-ce à sa naissance, ou est-ce à l'âge de six ans lorsque sa mère, enfermée dans le deuil de son fils favori, lui a assigné sa destinée?

Dans *Margaret Ogilvy* il raconte que sa vie est comme plongée dans un épais brouillard pendant six ans : « Celle que j'y vois est en fait la femme que je découvris subitement au bout de ces six ans. J'ai parlé

127

de ses lèvres timides, mais elles n'étaient pas si timides auparavant ; c'est seulement quand je l'ai connue que les lèvres timides sont apparues. De même pour son doux visage ; on m'a raconté qu'il n'avait pas toujours été doux. Dans ses moments les plus heureux – et alors il n'y avait pas de femme plus heureuse – sa bouche cessait de trembler à tout moment et les larmes n'inondaient plus les yeux bleus, ces yeux dans lesquels j'ai lu tout ce que je sais, tout ce que ma plume voudrait transmettre. Ces yeux que je n'ai pas pu voir jusqu'à l'âge de six ans, m'ont guidé ensuite toute ma vie, et je prie Dieu pour qu'ils restent mon seul juge sur terre jusqu'à la fin. »

Que s'est-il passé entre cette mère perdue et ce fils demeuré si fidèle ? Beaucoup d'encre a déjà coulé sur la vie de James Matthew Barrie, ce petit homme étrangement gai, et si triste en même temps. De nombreux auteurs se sont intéressés à sa carrière littéraire et théâtrale et à sa vie personnelle, tragique, bizarrement peuplée de tant de morts.

Les jours et les mois passés sur le lit de sa mère à l'écouter parler de son frère mort ont permis à James Matthew de comprendre qu'elle trouvait un peu de réconfort dans le fait que David, mort si jeune, resterait toujours un enfant.

Tablier magenta

« L'enfant pour toujours » est ainsi devenu la source d'inspiration du petit Barrie dès l'âge de six ans. Quand il ne jouait pas le rôle de son frère mort, il s'inventait un grand nombre de personnages qu'il s'amusait à mettre en scène dans la buanderie derrière sa maison. Dans la réalité, il jouait d'autres rôles :

« Un jour, un de mes camarades vint me voir, très triste : il ne pouvait pas jouer car il risquait de froisser les " habits de deuil " qu'il portait. Je lui proposai alors d'échanger mes habits contre les siens pendant une heure; il put ainsi jouer dans mes vêtements sans plus penser à son deuil et moi, pendant ce temps, je pleurai lamentablement dans les siens, sans savoir pour qui... »

Tout au long de son enfance, Barrie développa ainsi avec une curiosité insatiable une extraordinaire capacité et « un désir dévorant d'endosser les émotions des autres comme si elles étaient autant de vêtements ». Il questionnait inlassablement sa mère sur l'enfance de celle-ci : « Ces discussions innombrables rendaient à mes yeux sa jeunesse aussi lumineuse que la mienne, et tellement plus attirante, car pour un enfant la chose la plus étrange est que sa mère ait aussi été un enfant. »

L'enfance de sa mère et pourrait-on dire, l'enfant dans sa mère, allaient être l'inspiration principale de Barrie du début à la fin de sa vie. L'histoire de la petite orpheline dans son « tablier de couleur magenta » traverse toute son œuvre, sous de multiples formes : « Elle avait huit ans quand la mort de sa mère la rendit maîtresse de maison et mère pour son petit frère. Chaque jour elle astiquait, raccommodait, cuisinait, cousait... puis elle bondissait dehors, dans une explosion de jeunesse; elle sautait, courait, jouait à cache-cache avec les enfants de son âge. »

Ces récits maternels occupaient une grande partie du temps de Jamie. Ils prenaient petit à petit de l'ampleur dans son imagination et ils préparaient la petite mère Wendy dans *Peter Pan*, l'orpheline de la dame Painte dans *Tommy et Grizel*, et tant d'autres... : « Je me lasse rapidement d'écrire des histoires, sauf si je peux y voir la petite fille dont ma mère m'a parlé, se promenant avec confiance à travers les pages. Telle est l'emprise de ses souvenirs d'enfance sur moi depuis que j'ai six ans. »

Le père, David Barrie, est curieusement absent. Barrie y fait allusion très brièvement dans *Margaret Ogilvy* comme à « un homme que je suis très fier d'appeler mon père ». Dans *Sentimental Tommy*, le père meurt jeune et Tommy découvre ses vêtements pliés sur la chaise. Il ne se souvient déjà plus de celui qui avait rempli ce costume.

Le sang de l'écriture

Avec sa mère, James lisait aussi beaucoup de livres d'aventures comme *Robinson Crusoé*, *les Nuits d'Arabie* et *l'Île au trésor*. Ils les empruntaient à la bibliothèque au prix de un centime pour trois jours. Barrie s'était abonné aux *Penny Dreadfuls*, des histoires illustrées remplies de récits d'aventures, de pirates d'îles désertes, de sang et de tonnerre à chaque page. On y trouvait aussi une petite fille qui vendait du cresson :

« Cette petite créature romantique captait à tel point mon imagination, qu'aujourd'hui encore je ne peux pas manger de cresson sans émotion. Je restais éveillé des heures entières dans mon lit me demandant ce qu'elle allait faire dans le prochain numéro. Je ne sais pas si ce fut parce que son regard m'exaspérait au point que chair et os ne pouvaient plus le supporter, mais j'eus un jour une idée merveilleuse, ou bien ce fut ma mère qui la mit dans mon esprit car elle voulait finir son tapis en laine. Toujours est-il que l'idée germa et prit corps : pourquoi n'écrirais-je pas moi-même des histoires ?

Je m'installai donc au grenier et me mis au travail.

Mais cela n'aida nullement ma mère à terminer son tapis car dès que j'avais terminé un passage je descendais à toute vitesse pour le lui dire, et mes chapitres étaient si courts, ma plume si ardente, que j'étais de retour avec mon manuscrit avant qu'elle ait pu ajouter une nouvelle ligne à son tapis!...

C'était exclusivement des histoires d'aventures (heureux celui qui écrit des aventures!); aucun personnage ne pouvait y entrer si je le connaissais en chair et en os, la scène se situait toujours dans des lieux inconnus, des îles désertes, des jardins enchantés, les héros montaient des chevaux noirs et à tous les coins de rue une dame vendait du cresson. Dès ce premier jour où je goûtai le sang dans le grenier, je me suis décidé : il n'y aurait jamais aucune profession ennuyeuse pour moi; la littérature serait mon jeu. »

L'idée qu'un jour il lui faudrait grandir et abandonner les jeux de l'enfance était insupportable au petit James. La fin de l'enfance pour lui marquait la fin de tout : « Rien de ce qui nous arrive après douze ans ne vaut grand-chose. »

Pourtant, les cinq années qu'il passa au lycée Dumfries Academy furent des années de bonheur. C'est à Dumfries qu'il écrivit une première pièce de théâtre, *Bandelero le Bandit* qui fut jugée « immorale » par le pasteur, ce qui contribua à lui donner une certaine renommée au collège.

A dix-sept ans, Barrie avait cessé de grandir, ayant atteint à peine un mètre soixante. Totalement imberbe, il avait encore l'allure d'un très jeune garçon. Mais il n'était pas le seul; son ami James McMillan, dont il ne se séparait plus, était aussi maigre et frêle, « un garçon au regard effrayé, pauvrement vêtu et fragile ». Comme David, il « resta garçon pour toujours », en mourant jeune.

131

Les deux amis faisaient de longues promenades, parlaient de poésie, d'héroïsme, de batailles, et de ces choses mortes dont on dit qu'elles s'échappent pour revenir sur terre pendant l'heure terrible où la nuit et le jour se croisent...

« Un jour, raconte Barrie, nous avons écrit sur nous-mêmes un texte en cryptogramme, et nous l'avons caché dans une cavité d'une vieille tour en ruines, en nous promettant de revenir le chercher quand nous serions des hommes. Beaucoup plus tard, je suis donc retourné à la vieille tour. Notre texte y était toujours. Il disait que McMillan et moi-même avions commencé à écrire l'histoire de la vie de l'école. Le tout était signé " Didymuss ". La vie scolaire n'est pas habituellement le sujet d'un premier livre, et je pense qu'il y avait quelque chose de pathétique dans ce choix. C'était comme si nous savions déjà que la meilleure chose qui pouvait nous arriver, à part d'être de jeunes garçons, c'était d'écrire à ce sujet. »

La construction du Jamais-Jamais

Quelle est la vraie histoire d'une vie? Si on demande à une vieille personne de raconter sa vie, elle répond : « Ah, c'était il y a si longtemps, j'ai oublié... »

Elle parle de son enfance, bien sûr. Elle se souvient de certains moments et elle propose spontanément un bout d'histoire : « Ah oui, je me rappelle, quand ta mère était petite et moi... » Parfois ces images anciennes, en surgissant, provoquent des larmes.

Mais elle est capable de ne pas pleurer à l'évocation de tragédies terribles comme la mort d'un fils. L'émotion alors semble absente, vidée de sa substance comme un cadavre... N'est-elle pas plutôt enfouie quelque part dans un trou de la mémoire? Car ces trous ne sont pas vides. L'archéologue de l'esprit est capable de faire sortir leur contenu à la lumière du jour; ne fût-ce qu'un court moment, le temps de retrouver le fil d'une histoire, sa continuité.

Comme la circulation du sang dans le corps, la continuité psychique assure la vie de l'esprit. Quand quelqu'un vient consulter un archéologue, fouilleur de l'âme, c'est pour lui montrer les ruptures, les failles dans sa vie qui lui ont fait perdre le fil, et lui demander d'en retrouver le sens.

Certaines vies sont construites comme un patchwork : ici deux morceaux sont recollés ensemble, là un tissu de couleur gai vient cacher un trou... Sigmund Freud s'intéressait beaucoup à ces trous et aux oublis qui se trouvent entassés au fond. Ils lui permettaient de comprendre ce qui n'allait pas chez quelqu'un. Lorsqu'il devient possible de reconstruire ce qui a été oublié, alors le vrai fil d'une histoire apparaît... Toute la question est de savoir où se trouve le début de ce fil.

Comme nous avons pu le voir quand Peter Pan était encore bébé aux jardins de Kensington, le vrai fil d'une histoire se trouve dans l'étrange confusion des sentiments qui nous assaillent lorsque nous commençons à vivre, à sentir... et que nous ne savons pas encore le dire. A cette époque, Peter pensait qu'il était encore un oiseau.

Pour Freud le début de la vie est marqué par un « grand plaisir » sensuel avec la mère. Si elle va bien, si elle a accepté sa maternité, elle peut entretenir chez son bébé l'illusion qu'il peut « tout avoir et tout être ». C'est sa façon de compenser, en essayant de le rassurer, le choc qu'il a subi en quittant l'endroit confortable et chaud qu'était son ventre.

133

Pour ne plus sentir la douleur du passage et la perte de ce paradis, le bébé devient très actif dans la quête de cette illusion. Mais ce plaisir du début, ces sentiments de grandeur sont condamnés à l'anéantissement car les espérances qu'ils recouvrent sont incompatibles avec la réalité. Il est impossible de « tout avoir et tout être ». Un petit garçon, par exemple, ne peut pas devenir le mari de sa mère, ni une petite fille la femme de son père. Pourtant ce désir surgit à un moment ou à un autre chez chaque enfant.

Sa répression inconsciente peut entraîner des situations de détresse considérable, une douleur morale sans mesure. La sensation de perdre l'amour et l'impression d'échec qui s'ensuit, blessent profondément l'estime de soi et procurent un sentiment d'infériorité. Souvent la perte d'un être aimé plus tard dans la vie, ramène à cette blessure d'origine, sans qu'on s'en souvienne consciemment.

Pari dangereux

Le principe de réalité, c'est-à-dire le fait de devoir renoncer à des satisfactions immédiates pour pouvoir grandir constitue la première grande épreuve pour le petit enfant. Peter Pan l'a volontairement refusée; d'autres le font sans le savoir.

La capacité de renoncer au grand plaisir va souvent dépendre du temps dont l'enfant a disposé pour en jouir avec sa mère. Si ce temps n'a pas été assez long ou s'il y a eu rupture brutale dans la continuité, il sera tenté de prolonger artificiellement cette période afin de garder l'illusion d'être « tout ». Il deviendra Peter Pan!

Il arrive que le but de toute une vie, sans qu'on en ait

conscience, soit de retrouver ce paradis perdu, ou jamais connu. Tel cet homme, abandonné très tôt par ses parents, qui cherche encore à l'âge adulte à retrouver les sensations perdues de son enfance. Cette recherche devient pour lui si pressante qu'il quitte femme et enfants pour aller vivre avec un autre couple et leurs enfants pendant de longues années, dans le seul but de retrouver ces moments de bonheur ancien qu'il parvient à éprouver de temps en temps.

Le Jamais-Jamais est ainsi un trou rempli d'objets perdus auxquels l'enfant est incapable de renoncer. Tous ces objets ont parfois un air de famille, car ceux des parents s'y trouvent aussi, comme si les nostalgies s'étaient transmises de mère en fille, de père en fils.

Il arrive en effet que les parents n'aient pas de « trésor » plus précieux à léguer à leurs enfants que le « mal » qu'ils ont eux-mêmes subi. Comme s'ils s'acharnaient à leur faire partager leur douleur. Une jeune femme a beaucoup souffert du fait que sa mère n'aimait pas son père et qu'elle le trompait avec un autre homme. Quand l'heure est venue pour elle de trouver un compagnon, elle a choisi un homme si éloigné de sa propre culture et de ses besoins profonds, qu'elle semblait l'avoir fait exprès pour pouvoir le mépriser et le tromper. L'inévitable répétition s'est produite : leur union fut remplie de violence et de souffrance et les enfants purent assister à leur tour aux infidélités dont leur mère avait souffert avant eux.

La mère de Barrie avait perdu sa propre mère à l'âge de huit ans. Le petit Jamie lui, a perdu la sienne d'une façon plus grave sans doute que si elle était vraiment morte, à l'âge de six ans.

Quand tout se désorganise chez un enfant triste, et qu'il perd son enfance, il est obligé de chercher une solution. Devant une situation aussi catastrophique, sa stratégie personnelle va être un retour en arrière, pour retrouver le « tout » qui faisait de lui le maître du monde.

Je pense qu'après la mort de mon père j'ai trouvé le moyen de préserver le grand plaisir; en prenant la place du centre, celle qu'occupait mon père auprès de ma mère, ce qui n'est pas une chose simple pour une petite fille de onze ans! J'ai ainsi renoncé pour un temps à m'occuper de ma propre évolution, chose toujours si conflictuelle. Je suis devenue une petite fille très responsable, trop responsable.

Comme j'étais très attentive à trouver des solutions et à assurer le bien-être de ma mère, je n'avais plus le temps de faire le travail nécessaire pour renoncer à mes anciens jouets. Je m'accrochais d'autant plus férocement aux objets du passé, aux trésors de mon enfance, que mon lapin était resté prisonnier derrière les barbelés qui enfermaient la Hongrie.

Monuments aux enfants morts

Le Jamais-Jamais est ainsi peuplé d'une multitude de plaisirs anciens, qui ne peuvent plus être vécus dans le présent d'une manière satisfaisante. Ces objets du passé deviennent des pièces de musée, ils sont beaux et fragiles. Intouchables pour les autres, mais tout aussi inaccessibles pour soi-même, ils sont autant de monuments aux enfants morts, jalousement gardés par la mémoire d'un grand plaisir passé mais jamais vécu.

Si l'on parvient à retrouver dans la préhistoire d'un

individu ce tabernacle sacré et à en faire sortir les objets du passé, afin qu'ils puissent se désintégrer ou bien reprendre une nouvelle vie, alors on peut commencer à comprendre son histoire réelle. Mais l'ouverture de ce lieu intime et secret est une entreprise terriblement douloureuse et peu de gens osent s'y risquer.

Freud constatait que les écrivains ont beaucoup à nous apprendre sur ces choses cachées : « Les écrivains de fiction sont des alliés fort valables et leur production doit être hautement estimée car ils ont la capacité d'explorer une région entre ciel et terre dont nos philosophies n'ont même pas pu rêver. » Dans son travail sur une œuvre de fiction, LA GRADIVA, DE JENSEN, il parle d'une forme d'oubli reconnaissable à la force avec laquelle la mémoire pourra rester enfouie, malgré un appel extérieur très puissant, comme si une résistance interne luttait contre sa réapparition.

Pourtant ce qui reste ainsi oublié conserve une capacité d'action considérable et peut un jour reprendre vie sous l'influence d'un événement externe. Avec des conséquences psychiques qui résultent d'une modification du souvenir oublié, mais qui restent incompréhensibles pour le sujet.

« Tu peux chasser la Nature avec une fourche, elle revient toujours », assurait Freud et la violence de ce retour dépend de la force avec laquelle il a été empêché. *Gradiva* relate l'histoire d'un jeune homme qui refuse d'aimer une femme et tombe éperdument amoureux d'une statue romaine : « L'éveil de l'érotisme réprimé a surgi précisément du champ des instruments de la répression. Il était tout à fait juste que ce soit un objet d'antiquité, une sculpture d'une femme en marbre qui permît à notre archéologue de s'arracher à sa retraite de l'amour et l'avertît de son obligation de payer sa dette à la vie, la dette qui nous alourdit depuis notre naissance. »

Quelle est donc la vraie histoire de James Matthew Barrie? Est-ce l'histoire que d'autres ont écrite sur lui? Est-ce l'histoire qu'il a écrite sur lui-même? Est-ce celle de Peter Pan? Freud pense que dans le monde de la fiction, romanesque ou théâtrale, nous cherchons à retrouver ce que nous avons perdu dans la vie. Dans ce cas, Peter Pan détient la clef principale pour tenter d'ouvrir le « Jamais-Jamais » de James Matthew Barrie.

Après tout, celui-ci n'a-t-il pas assuré qu'il ne se souvenait plus d'avoir écrit l'histoire de Peter Pan? Le secret, on l'a vu, trouve à se nicher dans les trous de l'oubli...

Les bonnes clefs

Peter avait perdu sa mère; mais en fait c'est lui qui était parti pour jouer avec les fées; quand il fut prêt à revenir, la fenêtre était fermée et un autre enfant dormait dans son lit!

James Barrie lui, n'a plus jamais quitté sa mère après la mort de son frère David... Peut-être, parmi ses oublis, cachait-il le sentiment qu'il avait volé sa mère à ce frère mort; ou bien, qui sait, peut-être pensa-t-il un moment que c'était lui qui avait pu tuer ce frère, pour enfin posséder cette mère tant désirée?

Lorsque quelqu'un vient voir un archéologue de l'esprit pour lui demander de l'aider à fouiller dans les grottes de son histoire, il arrive souvent que les clefs qui serviront à ouvrir les portes des secrets apparaissent dès la première rencontre. Si l'archéologue est astucieux il les ramasse et les range dans un coin de son esprit afin de pouvoir les sortir au bon moment, lorsque cette personne sera capable de les utiliser. Il est inutile de les lui montrer à n'importe quel moment; elle ne pourrait pas les reconnaître et leur valeur essentielle serait gaspillée.

Parfois l'archéologue, surtout quand il est nouveau dans le métier, est tenté de montrer son talent à dénicher les clefs. Il faut absolument éviter ce piège du pouvoir car il se paye très cher, pour l'archéologue comme pour la personne.

Les premières pages de *Margaret Ogilvy* ressemblent à l'une de ces rencontres initiales; on y décèle très vite l'apparition des clefs du Jamais-Jamais : « Le jour de ma naissance mes parents avaient acheté six chaises tressées; dans notre modeste foyer c'était un événement, la première grande victoire pour cette femme, ma mère, qui les désirait tant : le billet d'une livre et les trente-trois pence qu'elles avaient coûté, l'angoisse au moment de l'achat, la fierté de les exposer, le sang-froid inhabituel de mon père quand il les avait apportées (mais son visage était blanc)... j'ai tant entendu raconter cette histoire, j'ai partagé tant de triomphes semblables comme petit garçon et plus tard comme homme, que je me souviens presque de l'arrivée de ces chaises, comme si j'avais sauté de mon berceau, ce premier jour, pour aller les voir!

Je suis sûr que les pieds de ma mère ne pouvaient rester tranquilles et qu'aussitôt qu'elle était laissée seule avec moi, elle courait dans la pièce ouest pour examiner une petite entaille sur une des chaises, ou bien pour s'asseoir dessus comme une reine, ou encore, feignant de sortir de la pièce, pour rouvrir la porte afin de surprendre les six chaises à la fois! Je pense qu'ensuite quelqu'un venait couvrir ses épaules (il m'est étrange de penser que ce n'était pas moi qui courait derrière elle avec son châle) et la raccompagnait fermement dans son lit. »

Il semble que le petit Jamie n'avait pas eu le temps de naître que déjà le regard de sa mère s'était tourné vers « les chaises tressées » qui avaient pour elle et la famille une si grande importance! « Une grande victoire pour cette femme. » Dès qu'on la laissait seule avec lui, voilà qu'elle partait regarder ses chaises – il aurait tant aimé l'accompagner pour la couvrir avec son châle, il ne concevait pas qu'il ait pu y avoir une époque où ce n'était pas lui qui la couvrait. Il n'imaginait pas qu'il ait été un bébé. Se pourrait-il que sa mère ait oublié de le peser à la naissance?

Cette scène lui paraissait pourtant tellement réelle qu'il se demandait s'il n'avait pas déjà pris de notes à son sujet...

Les voisins étaient venus voir à la fois le petit garçon et les chaises (comme si les deux avaient la même valeur). Bien sûr, Margaret était d'accord avec eux, cet enfant n'irait jamais à l'Université, après tout ils étaient comme eux, de la même condition, bien sûr, bien sûr...

Mais dans ces paroles prononcées sur son berceau, le bébé Jamie décelait-il déjà les désirs secrets de sa mère, « les ambitions brûlantes derrière ce cher visage »? Car les chaises n'étaient qu'un début : « Quand nous étions enfin seuls, était-ce moi qui riais en découvrant les grands projets qu'elle portait dans son cœur, ou bien était-elle obligée de me les chuchoter, pour qu'ensuite je jette mes bras autour de son cou et lui promette de l'aider à les réaliser? Car il en fut ainsi pendant si long-temps qu'il me semble étrange que cela n'ait pas été dès le départ. »

On se souvient que Peter Pan s'était envolé chez les fées dès le jour de sa naissance, quand il avait entendu ses parents faire des projets d'avenir pour lui.

Jamie semblait être sorti du ventre de sa mère pour entrer aussitôt dans ses rêves de grandeur. Il n'a pas eu une seconde d'inattention au désir maternel, au point qu'il voulait courir voir les chaises avec elle, au lieu de lui dire : « Eh, maman, je viens d'arriver, c'est moi que tu dois regarder, car si toi tu ne le fais pas, je ne pourrai pas m'aimer!... »

La vie de Jamie commença avec le regard de Margaret détourné sur des objets inanimés... sur des chaises qui décoraient la pièce principale de la maison. Pauvre Jamie! C'est le tout début du Jamais-Jamais – le regard de la mère follement désiré, mais pas obtenu, recherché sans fin dans tout regard de femme... Une mère.

Le bouc de la tragédie

Wendy savait que ne pas avoir de mère est une tragédie; Peter, lui, ignorait jusqu'au sens de ce mot. C'est souvent le cas avec ceux qui ont vraiment vécu une telle situation; ils ne se rendent pas compte du poids de cette réalité mais parfois les émotions, les passions survivent à l'événement et font des apparitions inattendues. On les voit par exemple pleurer désespérément au cinéma sans pouvoir s'arrêter alors que personne d'autre ne pleure à côté d'eux... Les émotions se sont séparées de l'événement, mais elles sont restées intactes.

Pour le petit Jamie, le regard détourné de sa mère était une tragédie. Nous pouvons l'imaginer, comme le bébé Peter Pan transporté nu dans les jardins glacials de Kensington, privé de la chaleur vitale de l'étoffe maternelle. Il tenta d'ailleurs de combler ce manque en souhaitant couvrir lui-même sa mère, dès le premier jour.

Avait-il déjà renoncé à devenir un être humain à part entière et avait-il décidé le jour de sa naissance de se sacrifier pour cette mère fragile, ambitieuse, au regard détourné de lui? Avait-il consenti à rester un « entre-deux », une partie pour lui-même, et une partie pour sa mère, et dans ce cas était-il conscient de ce choix? Ou bien a-t-il oublié cette tragédie, et est-il resté gai, innocent et sans cœur?

Solomon avait prédit à Peter qu'il resterait un « moi-tié-moitié »; Jamie s'offrait à sa mère comme le petit bouc tragique, sacrifié jadis au cours des fêtes de Dionysos; moitié dieu, le dieu Pan et moitié diable, dieu de luxure et de putréfaction...

A la fin de *Peter Pan dans les jardins de Kensington*, une petite fille vient lui offrir un bouc pour lui tenir compagnie. Un bouc pour un enfant, un enfant comme bouc, l'enfance de Barrie sacrifiée à Margaret Ogilvy, sa mère endeuillée.

Les seuls indices de cette tragédie sont les émotions qu'il nous fait vivre à travers les pages de son écriture. Comme l'archéologue qui reconstitue l'histoire à travers les vestiges et les objets découverts en fouillant la terre, l'archéologue de l'esprit travaille avec les mots, mettant à nu l'émotion qu'ils recouvrent, à la recherche de leur sens caché :

« Peter cria : maman! maman! mais elle ne l'entendit pas; en vain il cogna ses petits poings contre les bar-reaux. Il fut obligé de s'en retourner, sanglotant, aux jardins et il ne revit plus jamais sa chérie. Solomon avait eu raison, il n'y avait pas de deuxième chance pour Peter. Impossible désormais de devenir " le mer-veilleux garçon qu'il aurait voulu être pour elle ". »

James Barrie pensa-t-il avoir sa deuxième chance le jour où, dans la chambre de sa mère endeuillée par la mort du fils préféré, il s'écria : « Non, maman, ce n'est que moi » et qu'elle lui tendit les bras dans un sanglot ?

Comme Peter avait pu se lover dans un nid de grive, Barrie avait enfin trouvé une place dans l'esprit de sa mère, dans le Jamais-Jamais de sa mère, là où les enfants morts trouvent leur immortalité. Aurait-il pu faire autrement ? Était-ce l'unique place pour lui ? En tout cas, une fois installé, il ne la quitta plus. Il tenta pourtant de sauver la moitié de lui-même qui lui restait : pour survivre, il se mit à écrire...

L'enfant errant, les garçons perdus, une petite fille devenue mère, Peter Pan, le petit oiseau blanc, tous les personnages de James Barrie sont autant de témoins de cette émotion profonde qui lui collait à la peau comme la robe de baptême, celle de l'enfant qui cherche sa mère depuis le tout début de sa vie, et qui ne peut se séparer d'elle sans se perdre.

L'enfant médecin

Si James Matthew Barrie eut une deuxième chance, ce fut celle de pouvoir capter par son écriture « la petite fille dans son tablier couleur magenta en train de porter la gamelle à son père » et de ne plus jamais la lâcher.

Il tenait peut-être là le moyen de devenir « ce merveilleux garçon qu'il avait voulu être pour elle » et une des « moitiés » de lui-même s'est passionnément cramponnée à ce projet. L'assurance qu'elle pourrait aimer cet enfant prodige lui donna l'espoir de parvenir à s'aimer lui-même. Mais il avait un deuxième projet, bien plus altruiste, celui de guérir sa mère et de la faire rire :

« A partir de ce moment, je passais beaucoup de

temps assis sur son lit essayant de lui faire oublier son chagrin, ce qui était une façon pour moi de jouer au médecin. Je suppose que j'étais un drôle de petit bonhomme. On m'a raconté que l'anxiété de ne pouvoir lui remonter le moral donnait à mon visage un aspect tendu, et faisait trembler ma voix quand je lui racontais des blagues.

Je me mettais aussi sur la tête, mes pieds contre le mur en criant, tout excité : " Tu ris, maman? " et peut-être ce qui la faisait rire dépassait-il mes intentions, en tout cas elle riait tout à coup, ce qui m'exaltait au point que je courais appeler ma sœur bien-aimée. Mais le plus souvent quand elle arrivait, le doux visage de ma mère était à nouveau trempé de larmes et j'étais privé d'un peu de ma gloire... Je notais le nombre de ses rires sur un carnet, un trait pour chacun et j'avais pris l'habitude de le montrer au médecin... »

Le petit Jamie s'appliquait si bien à réconforter sa mère, que d'autres membres de la famille et notamment sa sœur Jane Ann, la fille préférée de Margaret Ogilvy, se mirent à l'encourager activement dans sa tâche. Jane Ann lui suggéra un jour de parler de l'enfant mort à sa mère : « Je ne comprenais pas comment cette démarche pourrait restituer la mère joyeuse de jadis, mais on me dit que si moi je n'y arrivais pas, personne d'autre ne pourrait le faire et ceci me donna le courage d'essayer... Les premiers temps, paraît-il, j'étais souvent jaloux, stoppant ses souvenirs tendres avec le cri : " Et moi, je ne compte pas pour toi? ", mais ce sentiment de jalousie ne dura pas; à sa place naquit le désir intense (encore aujourd'hui je soupçonne ma sœur de me l'avoir soufflé) de lui ressembler, au point que même ma mère ne puisse voir la différence, et dans ce but je ne cessais de poser de multiples questions pleines de ruse... »

Jamie se mit ainsi à fouiller la mémoire de sa mère pour connaître dans le moindre détail les gestes, le comportement de David. Ce jeu devint bientôt un véritable travail pour l'enfant, qui s'y appliqua avec l'acharnement que met un bon acteur à préparer son rôle, comme si sa vie en dépendait.

De la même manière, Peter Pan aux jardins de Kensington « jouait à jouer » comme un vrai enfant; mais le vrai enfant restait David, et Jamie, lui, n'était qu'un faux David, un intrus.

Un jour, il se sentit prêt : vêtu des vêtements de son frère, il vint se planter devant sa mère dans la position habituelle du garçon mort, les jambes écartées, les mains dans les poches, la tête haute : la posture de Peter Pan !

« J'étais là, immobile, attendant qu'elle me regarde et puis – comme cela a dû la blesser ! – : " Écoute ", criais-je, triomphant, et, plongeant mes mains dans les poches de mon pantalon, je me mis à siffler comme lui. »

Le geste de ce petit bouc tragique qui sacrifie sa vie pour enfin toucher sa mère, pour lui faire mal et plaisir à la fois, c'est la naissance de Peter Pan !

Jamie devient David, Jamie devient Peter Pan, Peter Pan est David et Jamie joue à l'enfant mort.

Peter revint au chevet de sa mère endormie : « Elle avait l'air triste et il en connaissait la raison. Un de ses bras faisait le geste d'encercler quelque chose et il savait ce qu'elle cherchait à étreindre. » Il savait aussi qu'il tenait le secret du bonheur de sa mère et, sans l'ombre d'un doute, qu'il était capable de lui offrir le plus grand cadeau qu'une femme puisse avoir, un petit garçon à elle !

Tous les petits garçons, un jour ou l'autre font ce rêve

de pouvoir donner un bébé à leur mère, mais ils y renoncent car ils acceptent que cela soit le privilège du père. On peut se demander si pour Peter Pan la notion de « père » existait.

Le plus beau cadeau

Jamie offrit ce cadeau du « petit garçon merveilleux » à sa mère : c'était lui-même... Mais, pour dire la vérité, il était en fait entre deux désirs. « Parfois il regardait sa mère avec nostalgie, et parfois il regardait la fenêtre avec la même nostalgie... »

Redevenir son garçon, c'est-à-dire le Jamie d'avant, c'était accepter une mère « morte », en deuil de l'autre enfant, et donc être un garçon sans mère. Redevenir son « garçon merveilleux », c'est-à-dire David, c'était se lancer dans une aventure sans fin, se donner l'illusion qu'il pouvait être le préféré de sa mère et commencer à exister à six ans. Mais, pour cela comme pour toute chose, il y avait un prix à payer : il allait avoir des ailes, mais il ne pourrait plus être tout à fait lui-même.

Jamie, entrant dans la chambre, découvrit sa mère dans son lit, offerte à son regard (on remarquera qu'il n'y avait pas d'homme, son père, pour lui barrer la route). Peter, devant sa mère endormie, souhaitait lui faire plaisir : « Cela aurait été agréable d'entendre ses cris de joie quand elle le serrerait dans ses bras, et, surtout, comme cela serait délicieux pour elle ! »

Pourtant, un si fort plaisir offert à une grande dame comme sa mère peut aussi faire peur à un petit garçon. Était-ce cette peur qui incita Peter à ne pas la réveiller ? Il hésita à l'appeler « maman », comme il renonça à l'embrasser, de peur que « la joie du baiser » la réveille.

Finalement, il trouva une solution : « Il joua un baiser sur sa flûte avant de s'envoler vers les jardins. Il ne cessa de jouer que lorsqu'elle eut l'air heureuse », tout comme Jamie s'appliquait à jouer devant sa mère pour qu'elle rie enfin.

Il n'est pas possible de haïr une mère triste qui pleure. Pourtant, l'enfant a besoin de se mettre en colère contre sa mère pour s'assurer qu'elle pourra survivre à ses coups et à sa haine. Dans la résistance d'une mère, il trouvera la preuve de sa propre existence, car lui aussi sortira indemne de l'orage.

Mais une mère triste risque de succomber à une telle attaque. L'enfant triste n'est pas libre de tester la solidité de sa mère – il doit la protéger de tout, même de ses propres mouvements de haine. La peur qu'elle puisse disparaître à tout moment le maintient dans une fragilité qui l'empêche d'exprimer son propre désir. L'amour et la haine restent séparés et prennent des dimensions démesurées, car la preuve de la survie est impossible à faire. Tout sentiment devient dangereux, voire meurtrier, pour soi comme pour l'autre.

Alors l'enfant reste « entre deux désirs » avec sa mère, il veut avoir sa mère entièrement à lui, comme au début, et en même temps elle lui fait peur. Nous avons vu que pour Freud chaque être humain est « entre deux désirs », excepté le fils pour sa mère. L'amour entre fils et mère est un amour franc, sans ambivalence. Freud fut-il atteint lui-même jusque dans sa théorie, afin de protéger sa mère ? Lui aussi voulait être ce « garçon merveilleux » et caressait la grande nostalgie du retour.

Barrie assura pour sa part n'avoir pas le souvenir d'avoir existé avant l'âge de six ans. Il savait que les « lèvres timides » et le « doux visage » de sa mère n'avaient pas toujours été ainsi, comme s'ils avaient pu masquer la mère terrible qui faisait peur aux petits garçons la nuit, celle qui apparaissait dans les cauchemars.

Comment admettre avoir peur d'une mère dont le regard est voilé par les larmes? Comment haïr cette femme profondément blessée? Pour James Barrie comme pour Freud, seul le désir était possible envers cette mère-là!

Le voile de la mariée

Pourtant, la nuit, elle prenait bel et bien une autre forme... Souvenons-nous : Peter Pan était souvent très agité la nuit, et Wendy devait le prendre dans ses bras pour le calmer...

« Je ne sais pas quand cet horrible cauchemar a commencé, écrit Barrie, mais il me rend le plus malheureux des hommes. Pendant ma petite enfance, c'était un drap qui voulait m'étouffer. A l'école, c'était mon compagnon de lit avec qui je luttais chaque nuit lorsque les autres garçons du dortoir dormaient, la conscience tranquille. Je n'ai pas de souvenirs de moi enfant, mais on m'a raconté qu'une fois endormi dans mon lit je gesticulais frénétiquement comme si je luttais avec un fantôme. Il semble donc que le cauchemar m'accompagnait déjà à ce moment-là; à présent, il ne me lâche plus, et ce que je percevais étant enfant comme une masse informe prend les traits d'une femme, belle et cruelle, avec un voile de mariée sur le visage. Quand je l'aperçois, elle est loin, mais elle s'approche rapidement. Je me recroqueville dans un coin jusqu'à ce qu'elle entre comme en flottant dans la pièce et m'invite à la suivre... Son pouvoir est hypnotique, car je me lève et je la suis, tremblant et obéissant. Nous semblons avancer à vol d'oiseau vers l'église, que j'ai fréquentée enfant, où tout le monde nous attend...

Lors d'une de ces nuits hideuses elle est venue me chercher. J'ai été saisi par des mains invisibles qui m'ont jeté dans son chariot. Une peur affreuse m'a saisi et je me suis débattu pour m'échapper... Mes mains étaient attachées par des chaînes en fer, et, dès que je les défaisais, un petit garçon avec des ailes m'en fabriquait une autre paire. J'ai souvent vu des images de ce petit garçon, portant ses flèches à la main, tirant sur un homme ou une femme. Il a l'air d'un chérubin trop bien nourri, mais, hélas, il est terriblement défiguré dans mes rêves! Il est maigre et défait, ses habits sont trop petits pour lui, un véritable esprit malfaisant. La femme conduit le chariot, riant horriblement à mesure que nous approchons de l'église; pendant ce temps, lui s'est installé derrière moi et il me pique de temps en temps avec une flèche. Lorsque je crie de douleur, elle se tourne pour lui sourire, et il répond avec un rire très gai. »

Peut-on mesurer l'énergie colossale mobilisée par ce petit garçon pour prendre la place de l'enfant mort, faire rire sa mère et réparer sa blessure au risque d'y perdre son identité?

La force du cauchemar de la femme terrible, qui ne l'a jamais quitté, nous montre la douleur du renoncement, au prix de sa propre sexualité, et le plaisir qu'il s'est donné en vivant cette souffrance avec sa mère.

Nous comprenons avec quelle passion il écoutait les histoires de Margaret. Il voulait tout lui prendre, tout maîtriser chez elle, avec une voracité de cannibale (tout comme Peter Pan est devenu dangereux quand il s'est mis à convoiter les histoires de Wendy).

Costume vide

Le père de Margaret Ogilvy, « l'unique héros de sa vie », était maçon. C'était un homme usé par une vie rude dans le travail de la pierre, qu'une mauvaise toux devait emporter neuf ans avant la naissance de Barrie. Mais toutes les histoires contées à Jamie sur son grand-père par Margaret deviennent aussitôt réelles pour l'enfant, au point qu'il les évoque au présent : « C'est une nuit de pluie ou de neige et ma mère, la petite fille au tablier qui est déjà maîtresse de maison, est allée plusieurs fois à la porte pour le guetter. Enfin il arrive, toussant fort... Ou bien il est dans cette chaise récitant pour elle son poème favori, *Le Rêve du Cameronian*, et dès les premiers mots prononcés avec solennité, " dans un rêve la nuit, j'ai été emporté ", elle pousse des cris d'excitation, comme j'ai crié à mon tour bien plus tard quand elle me les a répétés, avec la voix de son père. »

L'enfant triste qui a perdu son enfance essaie de capter l'enfance d'un parent, d'autres enfants. Moi aussi j'écoutais des histoires sur l'enfance de ma mère sans jamais me lasser : je voyais, comme si j'y étais moi-même, l'immense jardin dans lequel on se cachait pour manger des abricots, tout en se régalant des aventures de *L'Esclave des Huns*, de Géza Gardony... La grande table de cuisine autour de laquelle les dix enfants prenaient leurs repas avec leurs parents... Les matins ensoleillés lorsque grand-mère causait avec ses filles pendant des heures autour du café : « Alors mes enfants, qu'allons-nous faire pour le déjeuner, aujourd'hui ? »

Et les histoires merveilleuses de tante Ethel qui s'était mariée à Moscou avec l'un des ministres du tsar.

Les satins dorés, les bijoux, les cloches du Kremlin, le glissement de la troïka sur la neige...

« B-r-r-r-r! » cria Aliosha en arrêtant les chevaux.

« *Nianichka daragaja!* » s'exclamèrent les fils de ma tante lorsqu'ils arrivèrent en Hongrie, fuyant la révolution d'Octobre!

Je n'avais pas besoin de roman, j'avais les histoires de ma mère plein la tête!

La mort d'un parent peut plonger quelqu'un dans le Jamais-Jamais... Là où tout est possible, par exemple là où les petites filles peuvent devenir mères de leurs frères et maîtresses de maison pour leur père. Comme Peter jouait à être père des garçons perdus, on joue à être grand, puis on redevient petit; quand on devient grand on ne peut que rester petit... car être grand reste un jeu.

On peut se demander qui était ce grand-père pour le petit Jamie, ce héros unique de sa mère dont il avait emprunté la toux qui, plus tard, l'emporterait aussi. Était-ce son père spirituel? De son vrai père, il ne dit presque rien. Quand il mentionne le mariage de ses parents, c'est comme s'il parlait d'un souvenir personnel... Une fois de plus, il est en dehors de sa place d'enfant (nous savons qu'au Jamais-Jamais le temps n'existe pas!). En revanche, il existe bien une description du père, dans *Tommy et Grizel*. Jugeons plutôt : « Tommy pouvait sentir sa présence, mais il n'arrivait pas à le voir. Pourtant, il avait un visage.

Parfois, il le frottait contre celui de Tommy pour lui faire mal avec les petites aiguilles qu'il avait sur son menton... A une époque, cet homme était toujours au lit. Tommy ne voyait que ses vêtements sur une grande chaise dans la position où il les avait laissés quand il s'était déshabillé pour la dernière fois. Le manteau noir et la veste de laine étaient sur le dossier ; les pantalons clairs sur le siège, les jambes pendant sur le tapis avec leurs chaussettes rouges encore attachées : un homme sans corps. »

Qui peut rivaliser avec un homme sans corps ? Le vrai rival de Jamie est toujours resté David. Il le savait bien quand il regardait dormir Margaret ; elle souriait « comme s'il était revenu » (Peter Pan à la fenêtre). Elle se réveillait et « c'était comme s'il s'était subitement évaporé, puisqu'elle disait lentement : " Mon David est mort ! " ou peut-être celui-ci s'attardait-il suffisamment pour lui chuchoter la raison qui l'obligeait à la quitter, car ensuite elle restait silencieuse, les yeux voilés de larmes ».

Il était difficile de haïr David, un enfant mort. C'est en écrivant que James Matthew Barrie a pu se venger, montrer ses dents, mordre celui ou celle qu'il voulait, y compris sa mère. C'est ainsi qu'il a écrit une petite nouvelle intitulée : *Mort depuis vingt ans*, à propos d'une tragédie similaire dans la vie d'une autre femme. Ce fut la seule histoire dont sa mère ne parla jamais à personne.

Comment ne pas en vouloir à une mère triste ?

Un enfant triste, devenu homme, m'a raconté le rêve qu'il fait de sa mère : « Je vois une femme vêtue de noir. La scène se passe au bord de la mer, le temps est glacial. Elle porte un voile et danse autour de moi en chantant : " Tu n'as pas de pupilles, tu n'as pas de pupilles ! " »

Le petit « aviateur », celui qui, pendant longtemps, ne dessinait que des avions, dut arrêter ses entretiens avec moi. Il savait dès le départ que sa mère ne supporterait pas longtemps qu'il vienne me voir. Elle le retirait très vite de tout ce qu'il entreprenait (même ce qu'elle avait organisé pour lui). Lui la protégeait beaucoup. Il se faisait toujours du souci pour elle. Un jour, nous avons sorti de la pâte à modeler et j'ai compris qu'il avait besoin d'un couteau pour accomplir une tâche importante. Il s'est mis à couper la pâte, à la déchirer, à la déchiqueter, à l'éventrer... Une véritable boucherie! Puis il me quitta, très content de lui. Heureusement que l'œuvre d'art existe pour pouvoir enfin se venger!

La joie féroce de trop aimer

Chez le petit Jamie, il y avait les autres enfants, tous ces bébés sur lesquels Margaret faisait reposer ses ambitions... « Je la vois se pencher sur le berceau de son premier enfant, l'université pour lui est déjà dans ses yeux. » Ensuite, il y eut une deuxième fille... Était-ce Clochette, la petite fée Clochette prête à sacrifier sa vie pour Peter Pan?

« Dès le premier jour, écrit Barrie, l'enfant a suivi ma mère des yeux, d'un air tout à fait rêveur, comme si elle devinait à quel point elle avait besoin d'aide, comme s'il lui tardait de se lever pour la secourir... »

Jane Ann a en effet collé au désir de sa mère au point de consacrer sa vie à la soigner. Comme si Margaret Ogilvy lui avait assigné le rôle de la mère qu'elle avait perdue à l'âge de huit ans. Jane Ann s'y appliqua à la perfection, jusqu'à la fin, au point qu'elle précéda sa mère de quelques jours dans la mort. Sa souffrance quotidienne, ses douleurs restèrent ignorées de tous, y compris d'elle-même. Quand Barrie arriva de Londres, les deux femmes étaient déjà mortes. « Je vis ma mère étendue, son visage était beau et serein. Mais c'est dans l'autre chambre que je me rendis d'abord, et c'est auprès de ma sœur que je tombai à genoux. La vie de femme qui avait été celle de ma mère ne lui avait pas été donnée. Elle n'en avait pas accepté le prix : " Je ne te quitterai jamais, maman. – Bien sûr, je sais que tu ne me quitteras pas ". La joie féroce de trop aimer est une chose terrible. La bouche de ma sœur était résolument fermée, comme si elle avait réalisé son désir. »

« La joie féroce de trop aimer » rappelle l'amour du début quand le bébé ne fait qu'un avec sa mère, avant que « les deux désirs », l'amour et la haine, ne viennent tout embrouiller. Ce sont « les deux désirs » qui compliquent la vie ; certains ne peuvent pas accepter que la haine, la colère, viennent gâcher « la joie féroce de trop aimer » ; ils croient pouvoir mettre la haine de côté. Comme le crocodile rôde autour du capitaine Crochet, la haine se met alors à mener une vie distincte, elle se renforce, elle attaque subrepticement celui qui feint de l'ignorer, elle tue ceux qu'il aime le plus et ainsi elle l'attire irrésistiblement vers la mort.

Freud s'est beaucoup intéressé à l'enfant triste, quand l'ombre de l'objet aimé et perdu tombe sur lui et l'enveloppe. La haine que l'enfant ressent à cause de cette perte se tourne contre lui-même, l'attaque constamment et peut aller jusqu'à le tuer. Le sacrifice de soi est souvent l'aboutissement de cette haine intérieure...

Entre une mère fragile, endeuillée, derrière qui se dessinait une mère morte, une sœur tragique, un frère mort et un père sans corps, Jamie ne pouvait qu'avoir peur de sa haine et du supposé danger qu'elle représentait pour ses proches. Plus tard, plusieurs critiques littéraires qualifieront ses écrits de « sadiques ».

La conscience de soi

Rivalité, haine, agressivité inexprimables envers ses proches trouvent en effet une issue dans l'écriture de Barrie, comme pour l'aider à régler ses comptes. Peter Pan coupe le bras du capitaine Crochet, Crochet mord Peter, les garçons tuent les pirates, Peter tue les garçons qui grandissent, et le crocodile est toujours en arrière-plan, avec l'horloge de la mort pour rappeler que chaque instant compte entre nous et notre destinée finale.

Mais c'est dans *Sentimental Tommy* que Barrie décrit, presque sans les déguiser, les émotions et le désarroi de sa vie : par exemple, le profond désespoir d'un petit garçon à la naissance d'un intrus (Maggie, la deuxième fille de Margaret Ogilvy, naquit quand Jamie avait trois ans, et elle le détrôna de sa place de petit dernier, comme Freud l'avait été par sa petite sœur).

Tommy est assis sur les escaliers avec son copain Shovel, dans un quartier pauvre de Londres où il vit avec sa mère. Les deux enfants aperçoivent le médecin qui vient rendre visite à la mère de Tommy : « Tommy resta bouche bée à cette vision, mais Shovel avait de l'expérience : " C'est soit un gosse, soit un cerceuil ", déclara-t-il avec netteté, sachant que seulement la naissance et la mort pouvaient attirer un médecin dans ces lieux. » Il devient rapidement évident qu'il s'agit de l'arrivée imminente d'un bébé, et Tommy se persuade qu'il lui suffit de surveiller l'escalier pour empêcher l'intrus de passer... Imaginons sa déception quand il rentre enfin chez lui et que sa mère, épuisée, au fond de son lit, l'appelle : « Elle avait deviné qu'il connaissait la nouvelle et qu'il s'était absenté par jalousie. Elle lui dit avec un faible sourire : " J'ai un cadeau pour toi, mon garçon. " Mais quand elle cherche à lui montrer le bébé, il refuse ce supplice en criant : " Non, non, garde-la couverte ! " »

C'est Peter Pan, quand Wendy veut mettre la lumière pour lui montrer qu'elle est devenue une femme : « Pour la première fois de sa vie, Peter Pan eut peur : " Ne mets pas la lumière ! " » C'est aussi le petit aviateur venu me trouver, lorsque nous avons abordé la question de la venue des bébés : « Non, non, je ne veux pas savoir ! »

Tommy, jaloux, subitement privé des mains de sa mère, crie : « Tu ne m'aimeras plus jamais ! Tu n'aimes que cette sale mioche ! » Tout comme Jamie a accusé sa mère : « Tu n'aimes que David ! – Non, non, répond la mère avec passion, puis : Elle ne pourra jamais être pour moi ce que tu as été, mon fils, car tu es arrivé quand ma maison était un enfer, et nous avons tenu le coup ensemble, toi et moi. »

Choisir son héroïne

La complicité entre une mère et son enfant, surtout quand elle se fait contre le père, se paie très cher. C'est la perte de l'enfance, parfois la perte de la vie.

J'eus à connaître un jour le cas d'un garçon adolescent qui entendit les cris de sa mère dans la chambre de ses parents. Sachant qu'elle était en train de se refuser aux avances de son mari, il força la porte et frappa son père. Quelques mois plus tard, il développa un cancer foudroyant de la gorge et il fut emporté par la maladie. Les parents maudirent le destin, mais personne ne se douta de la souffrance psychique du garçon. Ce garçon était le seul homme qui comptât dans la vie de sa mère.

Jour et nuit, amour et haine, savoir et ne pas savoir, les deux désirs deviennent un. Jamie voulait savoir, et en même temps ne voulait pas savoir d'où venaient les bébés (« Tous les bébés, avant de naître, sont des oiseaux »).

Nous avons appris que le jour même de sa naissance, cela l'arrangeait de penser qu'il prenait déjà soin de sa mère... Peut-être aurait-il voulu arriver simplement par la fenêtre comme Peter Pan le soir fatal...

Admettre d'où viennent vraiment les bébés, c'est aussi admettre qu'il y a un père et une mère, et le désir de l'un pour l'autre. Jamie ne pouvait pas, ne voulait pas s'y résoudre, sa vie entière en dépendait car il fallait que sa mère soit à lui, et à lui seul.

Au début de sa carrière d'écrivain, il avait lu avec Margaret, qu'un bon romancier doit avoir une parfaite connaissance de lui-même et d'une femme proche de lui : « Ma mère me dit : " Tu te connais bien toi-même, puisque chacun doit se connaître (en réalité il n'y eut jamais de femme qui se connût aussi mal qu'elle !). " Et elle ajouta plaintivement : " Je doute que je sois la seule femme que tu connaisses bien. – Tu es celle que je dois prendre comme héroïne ! répondis-je légèrement. – Une vieille héroïne comme moi ! " s'écria-t-elle, et nous nous mîmes à rire tous les deux à cette idée, tellement nous discernions mal d'avenir. »

En prenant sa mère comme héroïne, James Barrie lui disait, comme sa sœur l'avait fait aussi : « Je ne te quitterai jamais. » A la fin de *Margaret Ogilvy* il le confirme, et ses mots portent tout le poids de la tragédie d'un fils qui n'a jamais pu quitter sa mère : « Si moi aussi je devais fouiller ma mémoire et que le passé revienne... Ce ne serait pas ma jeunesse, je crois, que je verrais, mais la sienne, non pas un garçon accroché aux jupes de sa mère lui criant : " Attends que je sois un homme, et tu dormiras sur un lit de plumes ! " mais une petite fille en robe magenta et tablier blanc, qui avance vers moi en chantonnant, et qui porte le repas de son père dans une gamelle. »

L'enfant qui ne veut pas grandir

Barrie ne voulait pas, ne pouvait pas lâcher l'image de la petite fille devenue mère; toutes ses héroïnes s'y réfèrent – Wendy, Grizel, Mary Rose, Margaret Ogilvy : « Quand elle apprenait que j'avais commencé une autre histoire, il arrivait à ma mère de me demander quel était le sujet cette fois-ci. " En tout cas, il est facile de deviner de qui il s'agit ! " remarquait ma sœur, d'un air plein de sous-entendus, ajoutant, tandis que Margaret jouait l'innocente, qu'il était temps de ne plus la laisser entrer dans mes livres. Et puis, poursuit Barrie, comme d'habitude, ma mère se dévoilait inconsciemment : " Il essaie de m'empêcher d'entrer, mais il ne peut pas, il en est incapable ! " »

Margaret Ogilvy était tout à fait complice de l'influence que son fils et elle exerçaient l'un sur l'autre. Elle comprenait très bien qu'on ne veuille pas grandir; elle non plus n'avait pu vivre son enfance; ses jupes n'avaient « jamais été courtes », et son père était resté l'unique héros de son existence. Pour grandir, il faut pouvoir lâcher ses premières images, ses héros, ses héroïnes de la petite enfance, afin de trouver un autre héros de sexe différent, de famille différente, avec qui, malgré tout, on désire faire sa vie.

James Matthew Barrie savait-il que l'emprise de sa mère allait l'empêcher d'aimer une femme? Il y a un passage tout à fait poignant dans *Tommy et Grizel*, lorsque Grizel, sachant que Tommy est enfin libéré de l'influence de sa sœur, vient le voir pleine d'amour et d'espoir : « Ses mains étaient ouvertes, elle s'offrait à lui, éblouie. Pendant une fraction de seconde, l'espace entre eux parut annihilé. Les bras de Tommy se refermèrent sur elle. " Grizel! " Il essaya de répondre à cet amour en feignant une passion semblable, c'était le seul moyen. " Enfin Grizel! s'écria-t-il. Enfin! " et il mit de la joie dans sa voix. " Tout est arrangé, ma chérie! " ajouta-t-il comme un amoureux en extase. Jamais de toute sa vie il ne s'était si bien appliqué à mentir, au prix d'un énorme sacrifice; il luttait contre quelque chose d'aussi fort que l'instinct de survie.

Mais son visage, habituellement sans expression, trahissait le mensonge de ses mots passionnés... " Qu'est-ce qui ne va pas? " Même à ce moment-là il tenta encore de feindre, mais elle comprit soudain : " Tu ne veux pas te marier! – Si, je désire me marier plus que tout sur cette terre ", assura-t-il, mais son visage le trahit encore; elle exigea la vérité et il fut forcé enfin de la lui dire. Un petit frisson la parcourut, pas davantage : " Tu ne m'aimes pas! – C'est ce que d'autres diraient, je suppose, mais je pense qu'ils ont tort. Je crois que je t'aime à ma façon, alors que j'ai cru t'aimer à leur façon, la seule qui compte dans ce monde qui leur appartient. Ce n'est pas mon monde à moi. On m'a donné des ailes, mais je ne réalise que j'ai quitté la terre que lorsque je m'y abats, transpercé par une flèche. Je rampe et je gigote ici-bas, et pourtant, ajouta-t-il en riant, je crois que je suis un brave type quand je vole! " »

Barrie est Peter Pan, plein d'allégresse, volant dans

les airs vers le pays du Jamais-Jamais. Si seulement il pouvait trouver une Wendy pour l'accompagner... Mais l'image de l'aile percée par une flèche est justement celle de Wendy, blessée par les garçons perdus en approchant de l'île.

Même s'il voulait rester un « petit garçon pour toujours », il ne faut pas croire que Barrie ne s'intéressait pas aux filles, bien au contraire. Mais il trouvait qu'elles ne lui prêtaient pas assez d'attention.

Le collège était encore un lieu d'enfance et la grave question des « femmes » ne s'y posait pas vraiment. C'est à l'université d'Édimbourg qu'il commença à sentir réellement la solitude d'un homme resté « petit garçon » parmi les hommes. Cette situation lui offrit l'occasion de regarder les autres et de collectionner ces observations comme de véritables trésors, tel un savant effectuant une recherche sur des êtres venant d'une autre planète. Ou tel Peter Pan, qui épiait les vrais enfants afin de pouvoir jouer comme eux. Barrie écrivait dans son cahier : « Les hommes ne peuvent pas se rencontrer sans dire des saletés! Il paraît très jeune; le drame de sa vie est qu'on le prend pour un gosse. Il y a des choses plus fines et nobles dans la vie qu'aimer une fille et la posséder.

La plus grande horreur : rêve d'être marié. Me réveille en criant. Grandir et renoncer aux billes : pensée affreuse! »

Pauvre petite moitié-moitié. On sent dans ces notes à quel point il était en dehors de la vie des humains! Tout comme Peter Pan aux jardins de Kensington, il était resté entre deux mondes. Afin de pouvoir écrire ses livres, il s'était attaché de toutes ses forces à puiser sa matière dans les souvenirs et les pensées de sa mère. Mais pour vivre la vie d'un être humain, il faut aussi de la sexualité, et celle-ci ne se trouvait peut-être pas dans la pensée de Margaret Ogilvy! En tout cas, elle n'en avait pas parlé à Jamie, jugeant ces pensées « sales » et voulant lui inculquer des choses plus « nobles » et « fines » que le désir charnel d'un homme pour une femme.

Robe de baptême

Si elle n'avait pas d'hommes et de femmes dans la tête, Margaret Ogilvy avait en revanche des bébés et des mères. Elle qui avait perdu la sienne à l'âge de huit ans avait éprouvé, très jeune, une véritable passion pour les petits enfants, au point de dessiner des heures durant les modèles de robes qu'elle destinait à sa future progéniture.

Les bébés et les robes des bébés étaient tout ce qui lui restait de sa mère, le souvenir de la chaleur de son corps, de la douceur de son amour. Qui sait si Peter Pan n'était pas le bébé Margaret Ogilvy, qui continuait à pleurer sa mère disparue?

Plus tard, à la mort de son fils David, elle avait réclamé la robe dans laquelle tous ses enfants avaient été baptisés et avait refusé de s'en séparer, comme si cet objet inanimé représentait plus pour elle que son enfant vivant. Comme le rappel d'un amour absent, mais qui surpasse tout amour : « Il n'y avait rien dans la maison qui lui parlât avec autant d'éloquence que cette petite robe blanche, se souvenait Barrie. C'était ce qui, après tous les enfants qui l'avaient portée, restait bébé à jamais. » A l'heure de sa mort, Margaret réclama encore la robe et, aussitôt qu'elle l'eût entre ses mains, la serra contre elle avec, sur son visage, « l'ardeur mystérieuse de la maternité ».

161

Était-ce la maternité ou plutôt sa propre mère qu'elle retrouvait avec son dernier souffle ? Comme ces bébés qui s'attachent à un petit bout de tissu qui porte l'odeur de leur mère, Margaret ne cherchait-elle pas dans cette robe de bébé la trace de sa mère partie trop tôt ?

Lorsqu'on a perdu sa mère, est-il possible de la quitter ? Le passage essentiel entre aimer sa mère comme un enfant et aimer un autre être comme un adulte est très difficile pour tous les enfants.

L'enfant triste en est-il capable ?

Les « passeurs » peuvent se rendre compte de la difficulté de l'être humain à franchir la frontière de son enfance, à se séparer des destins parentaux pour se mettre à désirer quelqu'un du sexe opposé.

Pourquoi sommes-nous tous à ce point happés par les destins parentaux ? A ce point déterminés par les paroles, souvent non dites et même ignorées, au-dessus de nos berceaux ? Tout se passe comme si, en quittant le ventre de notre mère, nous nous dépêchions de nous raccrocher à ces désirs, pour nous assurer que nous sommes bien des êtres humains et non des oiseaux.

Ceux qui n'ont pas pu attraper les désirs parentaux, les bébés abandonnés, par exemple, en viennent à se demander s'ils ne se sont pas engendrés tout seuls, sans le désir des parents. Mais c'est une pensée terrible car seuls les monstres et certains végétaux peuvent s'auto-engendrer. Mieux vaut se lover dans des désirs parentaux dangereux que se prendre pour un monstre...

Pourtant, quand les désirs parentaux sont trop enfouis dans le Jamais-Jamais, ils peuvent prendre une sale tournure, surtout si le père ou la mère étaient eux-mêmes des enfants tristes. Des projets ignorés des parents risquent de devenir mortels pour l'enfant.

James Barrie devait le savoir puisque son Peter Pan a pris la fuite devant les projets de ses parents.

Mais, chose tragique, Barrie n'a pas su profiter pour lui-même de son savoir car il a succombé aux vœux de sa mère. Il est resté son petit garçon et il n'a jamais pu vivre cette aventure capitale : aimer une femme.

La réussite d'une vie est-elle autre chose que la capacité d'aimer? Cette question est au centre de l'œuvre de Freud; elle est aussi au cœur de l'interrogation et de l'écriture de Barrie. Le médecin viennois ne s'est pas penché sur sa propre façon d'aimer; c'est peut-être pour cela qu'il a pu tant investir dans la recherche et l'analyse de ce processus fondamental chez l'être humain. James Matthew Barrie, lui, n'a pas cessé de se poser cette question; il avait conscience d'être « gai, innocent et sans cœur », et ses livres font tous allusion à son incapacité à éprouver l'amour.

James Barrie tenait beaucoup à soigner son image, et surtout il tenait à ce qu'on l'aime. Il avait fait cet apprentissage très tôt avec sa mère, et il n'a plus cessé de rechercher l'admiration. Souvent, ceux pour qui l'image, le reflet de soi sont les plus importants n'ont pas le courage de chercher la vérité, car la vérité a toujours un côté peu flatteur. Narcisse reste fasciné par le reflet dans l'eau d'un jeune et beau garçon, jusqu'à ce que la vieillesse vienne ternir sa beauté et qu'il meure, à son insu.

Or James Matthew Barrie avait, au fond de lui, une exigence illimitée de vérité. Ce courage inlassable chez lui nous touche plus que toute autre chose... L'écrivain sait que son travail est de donner une bonne image de son personnage, mais il n'en est pas capable, car justement il a décidé de « prêter attention aux choses qu'un vrai biographe laisse habituellement en retrait ».

L'ENFANT TRISTE ADULTE

ner avec l'enfant triste qui était différent des

Chapitre V

L'ENFANT TRISTE ADULTE : UNE FEMME POUR MÈRE

Quitter sa mère, son premier amour, n'est pas chose
facile. Pourtant, c'est un passage nécessaire pour rencontrer l'autre amour, celui de la femme. Mais l'enfant
triste, incapable de quitter la mère qu'il n'a jamais eue,
continue de la chercher dans toutes les femmes.

James Matthew Barrie a laissé Kirriemuir derrière
lui, il a quitté sa mère, mais il ne put jamais passer correctement la frontière...

A Londres, il entreprit tout d'abord une carrière de
journaliste en relatant les mœurs et les coutumes de
Kirriemuir, tout ce qu'il avait appris de Margaret. Il
chercha encore et toujours à la faire rire et, surtout, à
combler le désir profond de cette petite femme ambitieuse qui rêvait d'un héros pour fils...

Il put d'ailleurs dépasser ces attentes puisqu'il devint
en peu d'années l'un des dramaturges les plus célèbres
de Londres, au point d'être anobli par la reine. Il devint
sir James Matthew Barrie.

Contrairement à beaucoup d'autres hommes, James
Matthew Barrie savait qu'il était différent, qu'il était
un « entre-deux ». Mais il ignorait sans doute, en dépit
de la lucidité de ses écrits, les conséquences que son

« état » pouvait avoir non seulement sur lui-même, mais sur tant d'autres personnes... « Pourtant, il voulait jouer comme les autres garçons, les vrais enfants, qui venaient tous les jours dans les jardins de Kensington... »

Une des premières choses à faire pour être « comme les autres » était de se marier. Le lundi 9 juillet 1894, James Matthew Barrie prit donc pour épouse Mary Ansell. Le mariage, simple et discret, eut lieu dans la maison des parents, comme le voulait la coutume écossaise. Puis le couple partit en Suisse pour sa lune de miel. Deux jours plus tard, James Matthew Barrie notait dans son journal : « Notre amour ne m'a apporté que de la misère. (...) Garçon nerveux. Tu es très ignorant. (...) Comment t'instruire dans les mystères de l'amour ? »

Pour faire comme les autres

Mary Ansell était actrice. Belle et séduisante, elle avait été présentée à Barrie pour jouer le rôle principal dans sa deuxième pièce, *Walker London*. Il était rapidement tombé sous son charme et avait insisté pour qu'elle ait le rôle. Mary appréciait l'humour noir de l'écrivain, lequel souriait rarement et avait l'art de tourner en dérision tout ce qui lui tenait le plus à cœur. Elle supportait aussi son humeur fantasque ; car il pouvait être très extraverti et d'amusante compagnie, et tout de suite après ne plus ouvrir la bouche pendant des jours.

Peu après leur rencontre, Barrie mit en chantier un roman, intitulé *Le Sentimental*, dans lequel il prenait pour terrain d'observation sa relation avec Mary Ansell :

« Ce sentimental veut que la fille tombe amoureuse de lui, il la tyrannise et la domine (ça marche), mais il ne veut pas l'épouser. Elle lui commande des habits – sentiments maternels.

Sa tendresse (faiblesse), car il a des sentiments pour elle et poursuit leur relation pour ne pas la rendre malheureuse. »

Quand on se marie pour faire « comme si » et que l'on prétend éprouver de l'amour alors que l'on est en fait « entre deux désirs », on peut s'attendre à des catastrophes. Car, comme le dit Freud, la nature revient aussitôt, avec sa part de « haine »; c'est le côté « diable » de Pan.

Quand j'avais vingt et un ans, il était « normal » de se fiancer, et toutes mes amies de l'université pensaient déjà au mariage. Moi, je n'avais ni robes blanches ni bébés dans la tête. J'avais à accomplir la destinée que mon père m'avait fixée, devenir médecin... Je voulais changer le monde !

Cela n'empêchait pas que je m'intéresse aux hommes, ni surtout que les hommes s'intéressent à moi ! C'est ainsi qu'un jeune et brillant ingénieur, le premier homme dans ma vie, me proposa des fiançailles. J'étais entre deux désirs, mais il insista tant (je pense aussi qu'une partie de moi voulait faire comme les autres) que je dis oui. Nous avons organisé une petite cérémonie « en famille ». A partir de ce jour, je commençai à avoir des cauchemars terribles; chaque nuit, je voyais des meurtres, du sang, des araignées géantes... Je me réveillais en sueur.

Cela continua jusqu'au jour où je décidai de rompre. Mon ami acheta un pistolet et partit à New York, pour « mettre fin à ses jours ». Heureusement, cette mise en scène lui suffit et il continua à vivre. Nous restâmes bons amis et je retrouvai mes rêves de grandeur. Il est étrange de voir à quel point la mort peut s'approcher quand on essaie de tricher avec les sentiments.

L'ombre de la tragédie

Était-ce un hasard si le mariage de Barrie avec Mary Ansell eut lieu à la suite d'un événement tragique concernant sa plus jeune sœur, Maggie? Maggie était fiancée à un ami de la famille, le prêtre révérend James Winter. Dans un geste de générosité, James Barrie offrit un cheval au fiancé, en cadeau de mariage. Quelques jours avant les noces, James Winter fut jeté à terre par son cheval et tué sur le coup. Maggie réagit comme sa mère l'avait fait avant elle; elle se coucha et refusa toute consolation. Barrie se sentit terriblement coupable – comme il l'avait été avec sa mère des années auparavant. Il ne quitta plus le chevet de la malade et s'enfonça avec elle dans la tragédie. Mais, en même temps, il prenait des notes pour un futur livre... Était-ce sa façon de se protéger? Comme s'il voulait réparer, il promit à sa sœur de s'occuper d'elle pour le restant de ses jours. Heureusement pour tous les deux, Maggie épousa plus tard le frère de son fiancé mort.

James Matthew aimait l'impression de conformité aux autres que lui offrait le mariage, il était content d'échapper à sa solitude et très fier quand les hommes se retournaient sur le passage de sa jolie femme. Il se sentait enfin « normal ». Pourtant, il ne put jamais être un « mari ».

Avec le temps, Mary joua de plus en plus le rôle de mère auprès de lui car il voulait être gâté et protégé. Mais, tout en aimant le « petit garçon » en lui, elle en attendait bien sûr autre chose, un homme, un amant, un mari, un père pour l'enfant qu'elle désirait. Hélas, si elle pouvait partager bien des aventures avec lui, de cette aventure-là elle restait privée. Elle écrivit plus tard : « Le drame de Jamie était qu'il avait conscience d'échouer en tant qu'homme et qu'il lui était impossible de ressentir et de vivre l'amour dans le plein sens du terme. C'est à cause de cela qu'il s'engagea dans des liaisons sentimentales de toutes sortes. On pouvait l'entendre, comme Peter Pan, pousser des cris de triomphe, mais son cœur était constamment malade. »

Petit à petit, Mary Barrie renonça à l'espoir que Jamie grandirait un jour pour prendre sa place d'homme auprès d'elle. Elle détourna son attention vers ses chiens, jusqu'à ce qu'elle rencontre un homme capable de répondre à son désir de femme : « Quand meurt l'amour, écrira-t-elle, rien n'est plus mort, car même ceux qui l'ont connu un jour le nieront, ou oublieront qu'il a existé. Pourtant, dans ce cas, l'amour ne fut jamais vraiment oublié. Il fut gaspillé, maltraité. Il fut étouffé et négligé, et puis légalement jeté dans une tombe. »

James Matthew Barrie apprit la nouvelle de la liaison de sa femme comme une catastrophe épouvantable. Il n'aurait jamais cru qu'un tel événement fût possible, et il supplia Mary de nier la rumeur. Quand elle lui dit que c'était vrai et qu'elle désirait le divorce, il fut totalement abattu. Sans que Peter Pan s'en rende compte, Wendy s'était fatiguée de son incorrigible indifférence.

Un enfant triste ne sait pas le mal qu'il peut faire à quelqu'un qui l'aime, il ne peut pas sentir la tragédie. Pour lui, tout n'est qu'aventure ; Peter, par exemple, pouvait voler grâce à la fée Clochette qui le guidait partout ; elle faisait partie de son environnement... Il pouvait donc lui faire mal, lui être infidèle, sans jamais se douter qu'elle avait des sentiments pour lui! De même, pendant le vol vers le Jamais-Jamais, il lui arrivait d'oublier complètement l'existence de Wendy, le temps d'une aventure, et de ne pas la reconnaître à son retour...

Certaines femmes me racontent que leurs maris agissent comme s'ils ne les voyaient pas. Elles sont fondues dans leur paysage. D'autres se plaignent que leur compagnon a pris l'habitude de faire tout ce qu'il veut, mais ne supporte pas qu'elles désirent à leur tour prendre des vacances seules avec une amie...

Il existe aussi beaucoup de Wendy qui aiment jouer à la « petite mère » auprès de leur garçon de mari. Pourvu qu'il soit heureux, même si c'est avec d'autres femmes, elles sont toujours contentes pour lui! Ainsi, Mary a longtemps joué le rôle de Wendy auprès de James Barrie : celui-ci, en effet, bien qu'il ne remplît pas son rôle de mari et demeurât passif devant ses besoins amoureux, s'intéressait volontiers aux belles femmes, surtout lorsqu'elles étaient accompagnées d'enfants.

Une famille modèle

La rencontre fatale avec la famille Llewelyn Davies semble un hasard, mais, à bien y réfléchir, elle était inévitable! James Matthew et Mary se promenaient avec Porthos, leur chien labrador, dans les jardins de Kensington. Le petit homme, vêtu d'un immense manteau noir, la jolie femme à son côté et le gros chien joyeux ne pouvaient manquer d'attirer l'attention des passants, à commencer par celle des enfants. C'est ainsi que deux petits garçons au béret rouge bavardèrent un jour avec eux.

Peu de temps après, Barrie remarqua une fort belle femme, Sylvia Llewelyn Davies, dans une soirée chez un avocat en vogue, sir George Harris. Étant pour une fois d'humeur sociable, il avait accepté cette invitation. Il n'eut pas à le regretter, car il se trouva assis à table aux côtés de la « belle dame ».

Mises à part les photographies et les peintures la représentant, Sylvia est ainsi décrite par un contemporain : « Sans être vraiment jolie, elle a un des visages les plus délicieusement clairs, étincelants, que j'ai jamais vus. Son nez est en trompette. Sa bouche est bien dessinée, ses yeux sont très beaux, gris et pétillants. Elle a de jolies boucles noires, mais c'est surtout son expression qui lui donne un charme merveilleux, et sa voix grave. »

Au cours de la soirée, Barrie fut intrigué de la voir mettre des bonbons dans son sac et il lui demanda à qui elle les destinait. « C'est pour Peter », répondit-elle, comme si c'était la chose la plus naturelle du monde. Ainsi commença une conversation qui révéla que Sylvia était en train de parler avec l'homme à la toux persistante repéré par ses enfants dans les jardins de Kensington, celui qui pouvait bouger ses oreilles à volonté. Elle-même était la mère des garçons au béret rouge.

« Il n'y avait pas de famille plus heureuse que la famille Darling à l'arrivée de Peter Pan », écrivait James Barrie dans *Peter et Wendy*. Décrivait-il son arrivée dans la famille Llewelyn Davies ?

Arthur Llewelyn Davies, le mari de Sylvia, était un jeune avocat à la cour, brillant et ambitieux, issu d'une « bonne famille » protestante. Sylvia avait pour parents George et Emma Du Maurier, un couple plutôt bohème et artiste (George Du Maurier était caricaturiste au *Punch*) qui prenait la vie du meilleur côté. La mère de

Sylvia trouvait Arthur un peu trop sérieux pour sa fille, si gaie et si extravertie. Mais il était très beau.

La famille Llewelyn Davies offrait à James Barrie une occasion idéale de poursuivre tous ses fantasmes. Après l'échec de sa vie de « couple normal », incapable de grandir suffisamment pour être un « mari » ou un « père », il pouvait à la fois continuer à jouer avec des enfants et séduire une mère...

Ah! si seulement nous restions gais, innocents et sans cœur pour toujours! James Matthew Barrie s'est-il tourné vers la famille Llewelyn Davies, sa famille Darling, pour y parvenir?

Lorsqu'il fit leur connaissance, Arthur et Sylvia avaient déjà trois garçons : George, âgé de cinq ans, Jack âgé de quatre ans, et Peter, qui était encore bébé. Pourtant George, le premier-né, ne fut pas sa première « victime ». Barrie avait déjà rencontré d'autres enfants chez ses amis, par exemple la fille de l'écrivain W. E. Henley, Margaret. Elle appelait Barrie « *my friendy* », mais elle le prononçait « *my wendy* », ce qui donna naissance au prénom inédit de Wendy...

Il y avait aussi ses deux neveux, Charlie et Willie. Charlie était très beau et intelligent, traits qui plaisaient beaucoup à l'écrivain, tout comme son tempérament anarchiste et volontiers destructeur. Pour Barrie, le caractère des enfants était « autant inspiré par le diable que par Dieu ». Il jubilait de leurs contradictions, de leurs appétits sans limite, de leur manque de moralité, de leur autosuffisance, de leur ingratitude et de leur cruauté qui voisinaient avec la gaieté, la chaleur, la tendresse et des vagues subites d'émotion aussitôt oubliées. Et il savait fort bien gagner leur affection en se comportant de la même manière qu'eux.

Irrésistible intrusion

Arthur Llewelyn Davies, cependant, admettait diffi-
cilement la passion de James Matthew Barrie pour ses
fils. Il aurait souhaité avoir des moments seul avec sa
famille, le soir, quand il rentrait du travail, et il n'était
pas toujours heureux de voir le petit homme prendre
une telle place dans sa maison. A vrai dire, il ne savait
comment s'en dépêtrer! Il lui fallait également résister
à sa générosité pressante, car l'écrivain était prêt à
offrir aux enfants et à leurs parents tout ce qu'ils pouvaient désirer!

Barrie ne cachait pas sa grande admiration pour Sylvia, qu'il décrivait dans son journal comme une femme
« glorieuse... à qui on peut se confier ». « Pas question
de sexe », ajoutait-il entre parenthèses...

Pas de sexe! Quel confort pour Jamie de savoir que
cette femme-là n'attendait pas cela de lui. Elle était
proche, belle, mère de trois, quatre puis cinq garçons,
elle avait un mari qu'elle aimait et qui l'adorait. Jamie
se délectait de chaque instant passé en sa compagnie, il
prenait maintes photos de Sylvia et de ses fils et ces
derniers devenaient peu à peu les héros de son écriture.
Il notait dans ses carnets chacun de leurs gestes, chaque
sourire, chaque pleur, afin de les rapporter ensuite à
leur véritable lumière, la création de sa fantaisie douloureuse. Il écrivit par exemple, à propos de George, le
modèle du *Petit Oiseau blanc* : « Je pouvais tout lui pardonner, sauf sa jeunesse. »

Pourquoi la famille Darling-Davies avait-elle ouvert la
fenêtre et laissé entrer ce petit homme étrange? Sylvia
était-elle comme Wendy, séduite par ce grand besoin
d'amour maternel qu'elle devait sentir inconsciemment

chez James Barrie ? Avait-elle cédé au plaisir mondain de jouer avec le dramaturge célèbre et de se laisser flatter par ses compliments ? En tout cas, elle ignorait certainement la force des conflits diaboliques qui se déroulaient dans cet esprit tourmenté. Mme Darling avait senti le danger que représentait Peter Pan. Sylvia, elle, n'en était pas consciente...

Jamie resta d'abord sur le rebord de la fenêtre, d'où il put observer à loisir, goûter, prendre et dominer la famille. Même s'il restait exclu de l'amour perdu de son enfance, cette situation lui permettait de jouer, comme il l'avait toujours fait : être tout pour sa mère, pour une mère. Pour le cinquième anniversaire de mariage de Sylvia, il prétendit dans une lettre qu'il s'agissait du jour même de ses noces... Il parvint à reculer dans le temps comme il l'avait déjà fait avec Margaret Ogilvy – il ne pouvait être exclu d'un tel événement !

« Ma chère Mlle Du Maurier,

« Ainsi vous allez vous marier demain ! Et je ne pourrais pas y être, vous savez pourquoi ! Veuillez me permettre de vous souhaiter le plus grand bonheur. En même temps, j'espère que vous accepterez le petit cadeau de noces que je vous envoie. Ce n'est pas une alliance, mais si vous le portez, cela le deviendra. »

Le prince des fées

Ses succès littéraires incitaient Barrie à en faire profiter « sa famille », et surtout Sylvia qu'il emmena une fois à Paris pour la première d'une de ses pièces. C'est un Arthur seul, et probablement un peu malheureux, qui écrit à son père : « Je ne connais pas vos arrangements pour Noël, ni si le presbytère sera plein. J'aimerais bien y venir avec un garçon ou deux, si c'est possible. Sylvia est en ce moment à Paris avec ses amis les Barries... Ils semblent vivre dans le grand luxe et ils s'amusent beaucoup... »

« Si seulement nous n'avions pas accepté cette invitation à dîner ! » se lamente M. Darling en découvrant, au retour d'une soirée chez des amis, que ses enfants sont partis pour le Jamais-Jamais avec Peter Pan. Était-ce aussi le grand regret d'Arthur ?

En mai 1906, neuf ans et quelques mois après le fameux dîner de la rencontre, Arthur Llewelyn Davis tomba gravement malade ; on découvrit une tumeur rare dans la bouche et une opération le priva de la parole. Cette tragédie servit James Matthew Barrie, car elle lui permit de s'ancrer encore plus solidement dans la famille Davies.

Il rendait visite à Arthur, lui lisait le journal, et lui offrait tous les services dont il avait besoin. Sylvia écrit à son fils Michael pour son sixième anniversaire : « M. Barrie est notre prince des fées, mais le meilleur prince qui puisse exister, car il est réel. »

Jamie était de nouveau auprès d'une femme confrontée à la mort d'un être aimé. Dans les fondements archaïques de son esprit, était-ce une survivance des moments tragiques de son enfance ? En s'impliquant à ce point dans la vie des Llewelyn Davies, essayait-il de déjouer le destin ?

C'est toujours une situation étrange lorsque les tragédies se répètent et que nous nous retrouvons dans ce mystérieux « déjà vu » qui nous fait perdre nos repères. Je connus cela quand je retournai en Hongrie pour la première fois avec ma mère et que nous fûmes accueillies par des barbelés et des soldats, la mitraillette à la hanche. Nous avions des passeports canadiens. Brusquement, alors que nous attendions depuis des heures d'être « inspectées », je fus prise de deux désirs aussi violents que contradictoires : faire demi-tour, repartir, ne plus jamais revenir ; ou sauter par-dessus les barbelés en criant, les mains vers le ciel : « Tuez-moi, qu'on en finisse avec la barbarie ! » Je pense que ce fantasme m'a satisfaite, car j'ai continué à attendre, jusqu'à ce que notre tour vienne.

Il est difficile de savoir ce que James Matthew Barrie vivait pendant cette tragédie : était-il partagé entre le désir d'aimer, de pleurer, d'avoir pitié... et celui de tuer, de posséder, de prendre enfin la place du père qui allait être vacante, donc d'avoir enfin les garçons à lui ? Au Jamais-Jamais, on ne peut que « tuer ou être tué », « manger ou être mangé ».

Par la suite, les fils Davies ont essayé de comprendre les circonstances qui avaient entouré la disparition de leur père. Peter Davies, devenu adulte, entreprit d'écrire sur sa famille à partir des diverses correspondances. Son projet de livre s'appelait curieusement : *Morgue*. Il ne le publia jamais. Il commentait ainsi la relation de ses parents avec l'écrivain : « Il est certain qu'au moment où la gravité de la situation devint évidente, Barrie entra en scène pour prendre le rôle principal, et le joua avec splendeur. Il n'est pas facile d'évaluer le véritable poids de cette situation. Je peux comprendre à quel point cela devait être pénible pour Arthur, obligé d'accepter la charité de cet étrange petit génie, devenu de plus en plus un sujet d'irritation dans sa vie. Mais je suis convaincu que la gentillesse et la dévotion de Barrie, son charme et son tact pouvaient vaincre ses résistances. D'autre part, la promesse de la responsabilité financière future qu'il était prêt à assumer procurait un immense soulagement à Arthur condamné, ainsi qu'à Sylvia dans son angoisse. »

La main tendue

Mais Jack, le frère cadet, pensait différemment : « Je ne pouvais qu'être d'accord avec l'idée que père avait une aversion cordiale pour " le baron ". J'avais constamment l'impression qu'il faisait tout son possible, le pauvre homme, pour construire un écran de fumée et laisser mère un peu moins triste, en essayant de lui montrer qu'il n'en voulait pas au baron d'être sain, gai et assez riche pour reprendre l'affaire... Je ne doute pas qu'il était reconnaissant, mais c'était un homme fier, et tout cela devait avoir un goût amer pour lui. Il aurait été trop doux et angélique d'aimer en plus le petit homme. »

Arthur Davies ne pouvait plus parler, et il communiquait par écrit avec James Barrie, qui ne quittait guère son chevet : « Que font les garçons ? Je laisse tout entre vos mains, conformément aux désirs de Sylvia. Personne n'a autant fait pour moi que vous. Donnez-moi votre main... »

L'écrivain, cependant, au chevet du malade, continuait de prendre des notes en s'identifiant à Arthur : « L'homme mourant partage avec un ami sa peur de pleurer à la fin... Parle à un ami (un père) au sujet de la différence entre mourir quand on a des enfants (continuer à vivre) et s'éteindre complètement... »

Encore une fois, le voici qui s'installe à la place de l'autre, l'autre en train de mourir. Mais, en même temps, il lui enlève ses enfants, car c'est celui qui est en train de mourir qui « aurait aimé avoir des enfants –

continuer à vivre en eux ». Le capitaine Crochet sort ses griffes... Il s'apprête à s'emparer du trésor de l'autre.

Peter Davies raconte dans ses notes personnelles le moment où les enfants ont appris la mort de leur père : « Ces mots ont dû pénétrer très clairement dans nos cerveaux immatures, même si nous n'avons pas pu saisir leur pleine signification. C'était, autant que je me souvienne, un jour gris et venteux, et je me rappelle être monté dans la nursery de nuit, et avoir regardé fixement la mer grise et le phare au loin pendant de longues minutes dans un vague état de misère et de tristesse. Sans doute creusai-je des trous dans le sable dès le lendemain matin, comme d'habitude. Mais, à partir de cet instant, j'ai réalisé que quelque chose de désastreux nous était arrivé. »

Faire comme si...

Malgré l'ombre de la tragédie ineffaçable, après la mort du père, la vie continua. Il semblait même que tout se passait « comme si de rien n'était ». Les enfants jouaient, allaient à l'école, James Matthew Barrie était sans cesse présent et apportait une aide financière considérable. Sylvia essayait de ne pas trop montrer sa souffrance...

« Les petits garçons sont tendres et attentionnés, écrivit-elle à une amie très proche, un mois après la mort de son mari. Je dors toujours avec mon George maintenant. Cela me réconforte plus que je ne puis dire, et je sens qu'Arthur doit savoir. Il va vivre en eux et je dois y trouver ma consolation jusqu'à ce que j'aille le rejoindre enfin. »

Deux jours après le divorce de Barrie, Peter Davies

vit sa mère s'évanouir et tomber dans l'escalier de la maison de Campden Hill Square. Le diagnostic fut irrévocable : cancer, trop près du cœur pour pouvoir opérer. Mais il fallait continuer de feindre. Sylvia ne devait pas connaître la gravité de son état. Sa maladie fut moins impressionnante que celle de son mari car elle ne subit pas d'opération, mais sa santé déclina très rapidement. Bientôt, on fut obligé de la porter sur une chaise. A Noël, quand les enfants rentrèrent pour les vacances, ils trouvèrent leur mère confinée dans sa chambre.

Malgré le « comme si de rien n'était », ils savaient que la tragédie allait revenir...

James Barrie était constamment aux côtés de Sylvia, reprenant le rôle qu'il avait tenu auprès d'Arthur, trois ans auparavant. En même temps, il révisait son manuscrit de *Peter et Wendy* et prenait de nombreuses notes : « Les mourants. Des amis autour parlent d'autre chose. Questions à propos de la mort, se prépare à mourir – pour le voyage. Pièce (de théâtre) un homme est tuteur de quatre filles (mieux que des garçons) – Une deuxième chance : Attention car tu pourrais réaliser ton désir... »

Réaliser quel désir ? Celui d'être pour la deuxième fois au chevet d'une mère morte, de ressentir la tristesse du petit garçon qui a perdu sa mère ? Ah ! tant d'enfants tristes, tant d'enfances perdues. Ou était-ce le désir d'être enfin seul avec les garçons, père et mère à la fois ?

Une mère morte

Sylvia Llewelyn Davies mourut le 27 août 1910. Il y avait ce jour-là auprès d'elle sa mère, Emma Du Maurier, le médecin, la nurse et Barrie. Les garçons étaient partis pêcher dans la rivière. Peter Davies se souvient, dans ses Mémoires, de son retour à la maison en fin d'après-midi, du choc qu'il ressentit en découvrant les rideaux tirés à toutes les fenêtres. James Barrie l'attendait dans l'entrée, totalement bouleversé, et il lui apprit la nouvelle avec des mots hâchés, désespérés : « Le pauvre Jimmy! Ce fut autant moi qui l'entraînait que lui qui me poussa vers la pièce, à gauche du hall d'entrée, où nous nous assîmes pour pleurer ensemble. Et je me souviens, j'aurais aimé ne pas m'en souvenir, avoir crié : " Mère! Mère! " durant cette scène douloureuse tout en réalisant, dans le même temps, que ce n'était pas tout à fait dans ma nature – et que même si c'était en partie volontaire, c'était aussi une façon de jouer pour les circonstances. » Jouer pour James Matthew Barrie?

Nico, âgé de sept ans à l'époque, s'était approché de la chambre de Sylvia avec l'intention d'y entrer, comme d'habitude, à l'heure du thé, mais il en avait été chassé rudement par un de ses frères. Michael, et s'était enfui en criant d'une voix hystérique : « Dieu cruel! Dieu cruel! » George, à ce moment, n'était pas rentré de la pêche. Quant à Jack, il se mit aussi en colère, mais ce fut contre James Barrie : « On me conduisit dans une pièce où il se trouvait seul et il m'annonça qu'elle était morte. Il me dit aussi, ce qui me rendit furieux, que mère avait promis de l'épouser et qu'elle portait sa bague. Même à cet instant, j'ai pensé que si c'était vrai, c'était parce qu'elle savait qu'elle était en train de mourir. Ensuite, j'ai été conduit auprès d'elle et on m'a laissé seul avec elle. Elle avait l'air tout à fait naturel, comme elle avait toujours été, très pâle; elle était très belle, ainsi endormie. »

Barrie avait-il dit vrai, ou était-ce encore un produit de son imagination hyper-active? Sylvia envisageait-elle sérieusement un mariage avec la petite créature étrange et si fidèle? Nous ne le saurons jamais. Mais Peter, dans ses Mémoires, estimait qu'une union entre Sylvia, encore si belle à quarante-quatre ans, veuve du splendide Arthur, avec ce petit homme qui l'adorait et qui rêvait sûrement d'entrer dans les chaussures d'Arthur, aurait été « un affront vraiment au bon sens, pour toute personne raisonnable ».

Peter n'avait pas de souvenir des funérailles, mais, en revanche, il se rappelait que l'écrivain leur avait offert, le matin même, de nouvelles cannes à pêche : « Ces nouvelles cannes nous ont aidé, et sans doute, dans sa ruse généreuse, savait-il que cela marcherait. En tout cas, nous nous sommes beaucoup amusés, battant les petites rivières de montagne, sortant des truites et mettant l'horrible asticot derrière nous pour toujours... »

« Mme Darling était morte et oubliée », écrivait à cette époque James Matthew Barrie dans *Peter et Wendy*, tout en regardant ses garçons pêcher dans les rivières!

Chapitre VI

CAPITAINE DES GARÇONS PERDUS

Peter Pan ou le capitaine Crochet? Barrie était enfin seul avec les garçons perdus... seul à prendre en main leur destinée.

Entre un Peter Pan fantasque, vantard et sans mémoire, et un capitaine Crochet cruel, peu sûr de lui et déprimé, je pense que nous avons de sérieuses raisons de nous inquiéter pour l'avenir des fils Davies...

Aussitôt après la mort de Sylvia, James Barrie présenta à la famille Du Maurier son intention de devenir le « tuteur » des enfants, comme une évidence sans recours. Pour ce faire, il s'appuya sur le dernier testament de Sylvia, qu'il avait adroitement faussé en remplaçant le nom de « Jenny », sœur de la gouvernante Mary Hodgson (que Sylvia souhaitait voir s'installer dans la maison) par « Jimmy » !

Il se donnait ainsi le droit de considérer le 23, Campden Hill Square comme « sa » maison...

Mary Hodgson protesta vivement ; comme Nana avec Peter Pan, elle considérait que l'écrivain était dangereux pour les garçons. Emma Du Maurier ne l'avait jamais aimé non plus et toute sa générosité et sa gentillesse n'avaient pu la faire changer d'avis. Mais, en dépit de ses réticences, la famille resta impuissante devant la volonté de fer de Barrie.

Une fois assuré de son rôle de tuteur, il s'y employa de son mieux. Rien n'était trop beau pour « ses garçons » : les meilleures vacances, les meilleurs loisirs, les meilleurs vêtements et, surtout, les meilleures écoles... Eton, Oxford, celles qui formaient l'élite de la bonne société anglaise. James Barrie n'avait jamais eu honte de ses origines modestes (dont il s'inspirait largement dans ses écrits), mais il avait une secrète admiration pour l'aristocratie avec laquelle il flirtait grâce à ses succès littéraires. Le fait d'envoyer « ses garçons » dans les grandes écoles « publiques » d'Angleterre lui procurait une immense satisfaction.

Pourtant, en dépit de cette sollicitude, James Matthew Barrie entraînait irrésistiblement les garçons au pays du Jamais-Jamais, non pas pour leur permettre de grandir, mais pour leur prendre ce que lui-même avait perdu...

Dans *Le Petit Oiseau blanc*, George, l'aîné des garçons Davies, avait fourni le modèle de David, le héros. Le livre est écrit à la première personne par le capitaine W., « un vieux célibataire, gentil, fantaisiste et solitaire », qui est aussi écrivain et qui se promène régulièrement aux jardins de Kensington avec son chien Porthos. Son ambition secrète est d'avoir un fils qu'il pourrait appeler Timothée. Étant donné qu'il est incapable de réaliser ce vœu lui-même (nécessité de la sexualité avec une femme), il s'introduit dans la vie d'un jeune couple pauvre en les aidant financièrement, mais d'une manière secrète.

Quand le couple attend un enfant, le capitaine suit l'affaire de près et, quand le père annonce que c'est un garçon, le capitaine, pour faire comme lui (être normal), lui dit qu'il a aussi un fils, qui s'appelle Timothée...

Timothée et les cinq frères

A la mort de Sylvia, George avait dix-sept ans, et il considérait Barrie comme un ami intime. Jack était le seul, au moment de l'adoption, à se trouver en opposition avec le petit intrus. Était-ce parce qu'il n'avait jamais inspiré l'écrivain comme les autres fils de Davies? Quoi qu'il en soit, il accepta la solution de la prise en charge par Barrie. Peter, lui avait treize ans, et il portait le prénom fatal de Peter Pan. Peu de temps après la mort de sa mère, il entra à Eton, où il devint rapidement un sujet de taquinerie sans merci pour ses camarades, convaincus de voir en lui « le vrai Peter Pan », jusqu'à ce qu'il développe une véritable phobie pour la pièce, l'appelant « ce terrible chef-d'œuvre ».

Mais c'est avec Michael que Barrie entretint la relation la plus complexe. Michael était né peu après l'arrivée du dramaturge dans la famille Davies. Connaissant l'étrange petit homme, on pourrait supposer que celui-ci prit cette occasion pour faire comme si Michael était son fils. Après tout, *Le Petit Oiseau blanc* fournissait un scénario dans lequel il pouvait entrer. C'est en tout cas l'avis de Denis Mackail, un contemporain de Barrie, frappé comme d'autres par « le pouvoir d'envoûtement de Barrie, toujours irrésistible quand il a fait son choix ». Selon lui, le petit garçon, vif, intelligent et beau, représentait tout ce que le magicien admirait le plus et il était sans doute son favori...

Quant à Nico, le plus jeune, il avait sept ans à la mort de sa mère et il fut en apparence le moins touché par la disparition de ses parents. Il était aussi charmant, extraverti et affectueux. Comme Michael, il ne considérait James Barrie ni comme un père, ni comme un frère, mais simplement comme « celui dont j'espérais toujours qu'il viendrait me voir ».

L'écrivain, cependant, rédigeait *Peter et Wendy* :

« Puis ils [les garçons perdus] tombèrent à genoux, tendant leurs bras vers elle, et criant :

" Ô Dame Wendy, soyez notre mère!

– Devrais-je? répondit Wendy en rougissant. Bien sûr, c'est terriblement excitant, mais, voyez-vous je n'ai aucune expérience.

– Ce n'est pas grave, assura Peter, ce dont nous avons besoin, c'est d'une personne gentiment maternelle.

– Mon Dieu! s'exclama Wendy. Voyez-vous, je crois que je suis exactement cela! Dans ce cas, je ferai de mon mieux... " »

L'amour et la haine

Tout en jouant à « papa-maman », ce qui devait satisfaire le côté démoniaque du dieu Pan, c'est-à-dire en étant ce que Freud appelle « le père archaïque d'une horde primitive », James Matthew Barrie poursuivait sa démarche d'auto-observation, sa recherche de la vérité. Ses rêves le tourmentaient toujours et il les notait scrupuleusement dans son journal; par exemple, il se réveillait brusquement, glacé de peur, certain de sentir bouger les draps : « Je déplace mon corps avec précaution – ça s'arrête de bouger. Une longue pause. Ça recommence, me pousse tout doucement. Je résiste. La lampe électrique est près de moi, je grince des dents pour avoir le courage d'allumer – idée étrange que je ne vais pas pouvoir le faire – je sors ma main : elle est arrêtée par quelque chose de mou. Pas de bruit de respiration. Puis ressens une pression plus forte comme pour me pousser hors du lit. Enfin, je fuis l'obscurité vers la chambre de ma mère (elle est morte depuis plusieurs années) et je lui raconte l'histoire de mon moi dégénéré : ce que je suis devenu essaie de me pousser hors du lit pour prendre ma place. Jusqu'au moment de le formuler, je n'avais aucune idée de ce que c'était. »

Ce « moi dégénéré », de James Matthew Barrie, était-ce le petit enfant triste qui continuait de pleurer dans le corps vieillissant ? Il est étrange de constater que Freud nous raconte la même histoire : là où se trouve l'amour se trouve la haine. Quand s'exprime le désir de vie, il s'accompagne du désir de mort ; et s'il y a construction, il y a destruction.

Quand l'agressivité est bloquée soit par des obstacles extérieurs, soit pour des raisons internes, cette situation peut être vécue comme une blessure grave, et la force de la répression risque de se retourner contre le sujet lui-même pour le détruire... Un peu comme le crocodile poursuivant inlassablement Crochet pour le dévorer...

Maladies pour plaire

Une petite vieille enfant triste est venue me voir un jour pour me raconter son histoire. Elle était si petite, avec une voix si douce, que je pensais tout bas qu'elle devait être au fond d'elle-même une grande destructrice. Elle me parla de la façon dont elle avait été abandonnée par ses parents à l'âge de quatre ans, alors qu'elle avait été hospitalisée pour une maladie grave.

On crut qu'elle allait mourir, aussi les parents, qui habitaient à l'étranger, ne vinrent pas la voir. Mais elle ne mourut pas. Sa convalescence dura longtemps : elle avait pratiquement oublié sa famille et elle passait son temps à imaginer des histoires. Un de ses jeux favoris était l'histoire d'une fille qui se faisait battre par sa mère.

Une fois guérie, elle retrouva les siens, elle fit de brillantes études et, plus tard, se maria avec l'homme qu'elle avait choisi, contre l'avis de ses parents. Ce mariage fut plutôt un succès pour elle, car elle put rencontrer chez son mari une violence considérable, qu'elle avait aussi en elle, mais n'avait jamais pu exprimer... Elle eut plusieurs enfants, mais le hasard fit que chacun d'eux faillit mourir bébé pour des raisons alimentaires, soit par intoxication, soit par manque de nourriture. Chaque fois, elle les sauva à la toute dernière limite, quand elle put rassembler ce qui lui restait du désir de les voir survivre.

Devenus adultes, ils continuèrent cependant à « faire plaisir » à leur mère en étant souvent gravement malades, en fumant et en buvant beaucoup. Heureusement, le père leur avait transmis sa robuste constitution et sa violente opposition à leur mère, ce qui leur permit de résister !

Freud s'intéressait beaucoup aux gens chez qui les mêmes actions étaient perpétuellement répétées et jamais corrigées, à leurs propres dépens et aux dépens des autres. Comme s'ils étaient poursuivis par un destin inexorable. Il appelait cela une « compulsion de répétition démoniaque » car, en examinant de près la situation, il semblait évident que ce « destin » ne devait rien au hasard.

Une mère est venue me voir peu de temps après la mort de son fils, âgé de vingt-trois ans. Elle n'arrivait pas à faire le deuil de ce fils et me parla d'un destin noir qui s'acharnait sur sa famille... A dix ans, elle vivait en Angleterre. Les vaccins n'étaient pas obligatoires pour les enfants et sa mère avait choisi de ne pas faire vacciner les siens. C'est ainsi que, lors d'une épidémie de diphtérie, cette femme et ses quatre frères et sœurs étaient tombés malades. Son frère préféré, de cinq ans son cadet, était mort.

Plus tard, elle-même, comme sa mère, avait eu cinq enfants, dont l'aîné ressemblait beaucoup au frère mort. Bien sûr, elle lui avait donné son nom. Elle ne s'entendait pas avec son mari et n'épargnait pas à ses enfants tous les griefs qu'elle avait contre lui ; il lui rappelait ses mauvais rapports avec son propre père, lequel, d'ailleurs, passait son temps à travailler dans le jardin pour éviter les disputes familiales. Petit à petit, le fils aîné avait pris la place de l'homme à côté de cette femme. Il mourut étouffé, comme le frère, non par la diphtérie, mais par une tumeur à la gorge !

Peut-on faire le deuil d'un enfant mort ? Peut-on faire le deuil d'une mère morte ? Ce sont des pertes qui creusent le Jamais-Jamais. Sylvia « Darling » était morte et oubliée, mais chacun faisait comme si de rien n'était, comme si la vie pouvait continuer.

Le double

Vers la fin avril 1913, Michael entra aussi à Eton. Alors que quelques jours avaient suffi à George pour s'adapter à son nouvel environnement, Michael se sentit tout à fait malheureux. Il avait un profonde nostalgie de la maison. Mary Hodgson lui manquait. Oncle Jim lui manquait. Mais plus que tout, sa mère lui manquait. Depuis trois ans, Barrie avait fait de son mieux pour prendre sa place ; pas un jour n'avait passé qu'il n'accompagnât l'enfant à l'école, ne jouât avec lui au billard ou au cricket, ou bien ne l'aidât à traverser ses cauchemars.

Mais maintenant que Michael était seul, sans Barrie pour emplir sa tête avec d'autres pensées, il se languissait du contact « des mains disparues ». Il luttait durement pour déguiser ses émotions, se cachant derrière un bouclier de réserve, ou essayant de masquer sa dépression par un humour froid, comme celui de son tuteur. Barrie écrivit plus tard : « Je pense que peu d'hommes ont autant souffert de la perte de leur mère que Michael. » Dans l'espoir de combler cette solitude, il lui proposa de correspondre chaque jour, au lieu d'une fois par semaine comme il le faisait avec George. Quand Michael quitta Eton, deux mille lettres avaient été échangées.

L'enfant triste ne peut pas abandonner le parent mort. Même s'il oublie, s'il essaie de faire comme si de rien n'était, il n'en construit pas moins un tombeau vivant à l'intérieur de lui-même ; petit à petit, le tombeau et lui ne forment qu'un. L'enfant triste fait comme le cannibale : il mange la mort et ensuite il se sent coupable de l'avoir tuée. Il doit donc se punir de ce crime, il se tourmente, il souffre, mais en même temps il est en train de se venger de la mort, de faire souffrir la mort et ainsi, d'une manière tout à fait contradictoire, il tire de la satisfaction de cette souffrance.

C'est une autre facette de la vengeance de Crochet. James Matthew Barrie trouva son double dans ce jeu avec lui-même, et ce double était Michael. Nous avons vu que leur relation s'appuyait sur la confusion entre l'enfant imaginaire de Barrie et l'enfant réel. Pour exprimer ces sentiments secrets, l'écrivain dédicacera à Michael un livre intitulé : *Neil et Tintinnabulum*. L'histoire d'un petit garçon gai, innocent et sans cœur, Neil, qui, parvenu à la puberté, perd confiance en lui-même et devient un personnage différent, Tintinnabulum.

Michael servait aussi d'une autre manière les fantasmes de James Matthew Barrie dans sa quête d'un double : comme lui il était la proie de terribles cauchemars... Ce miroir de sa propre vie nocturne fournissait à Barrie l'inspiration pour Peter Pan : « Parfois il [Peter Pan] faisait des rêves, et ils étaient plus douloureux que les rêves des autres garçons. Pendant des heures, il ne pouvait pas s'en séparer et il pleurait pitoyablement. Il s'agissait, je pense, du secret de son existence. »

Défense de grandir

James Matthew Barrie aurait aimé conserver toujours son rôle de « mère » auprès des garçons; pourtant, ceux-ci grandissaient. George avait déjà vingt ans et il s'était épris d'une jeune fille de bonne famille, Josephine Mitchell-Innes, qu'il souhaitait épouser. Barrie ne savait plus trop comment faire : au Jamais-Jamais, il est interdit de grandir...

Une idéologie qui avait d'ailleurs des conséquences réelles pour la pièce de théâtre *Peter Pan*, jouée avec succès à Londres depuis sa création. Pauline Chase, l'actrice qui tenait le rôle de Peter Pan, rapportait au journal *Peter Pan's Post* : « Chaque mois de décembre a lieu une cérémonie terrible au cours de laquelle on mesure les enfants acteurs. Il s'agit de s'assurer qu'ils n'ont pas trop grandi ! » Souvenons-nous du : « Quand ils grandissent, je les tue », de Peter.

Le 4 août 1914, la Grande-Bretagne déclarait la guerre à l'Allemagne. George, Michael et Nico étaient en vacances avec Barrie en Écosse, loin des nouvelles dont toute l'Europe flambait. George, déjà engagé, convainquit son frère Peter de partir avec lui. En attendant leur conscription, ils continuaient à vivre comme avant. Les garçons pêchaient et faisaient de grandes randonnées.

Le jour du premier entraînement, tandis qu'ils se préparaient, George dit à son frère : « Alors, jeune Peter, pour la première fois de notre vie, nous voici devant quelque chose de vraiment sérieux ! » Était-ce l'enfant triste en lui qui sentait la tragédie venir ? Avait-il choisi cette destinée pour des raisons internes ? Ou était-ce un pur hasard ?

James Matthew Barrie gardait ses ailes grandes ouvertes pour essayer de protéger ses garçons perdus. Il était d'autant plus présent, généreux et soucieux que le danger, cette fois-ci, était à l'extérieur.

Les lettres échangées entre George et lui à cette époque permettent de mesurer la profondeur de la relation liant les deux hommes : « Mon cher George, écrivait Barrie, ta lettre arrive maintenant et, je le sais, tu pars. C'est un choc pour moi. Je vais vivre beaucoup de jours et de nuits d'angoisse, mais je serai comme tant de mères... »

La dernière lettre que George reçut de son vivant date du 11 mars. Barrie lui apprenait la mort, au front, de Guy Du Maurier, le frère de Sylvia... « Évidemment, je n'ai pas besoin de ceci pour me rendre compte du danger dans lequel tu te trouves... »

George fut tué le 15 mars 1915, au cours d'une marche vers Saint-Éloi. Il dut avoir le pressentiment de sa mort, car il venait de dire à un camarade qui se trouvait à côté de lui qu'il souhaitait être enterré là où il tomberait. Ce soir-là, il était assis avec les autres dans les tranchées quand une balle l'atteignit en pleine tête. Il mourut sur le coup.

Quelques jours après sa mort arriva sa réponse à la lettre de son tuteur; le ton se voulait rassurant, léger : « Et puis, si j'allais être touché par une balle, pourquoi serait-ce à un endroit vital? »

C'est Peter Pan, en grand danger sur son rocher, clamant le cœur battant : « Mourir sera la plus grande des aventures! »

Le sombre, strict et impénétrable

James Matthew Barrie pouvait-il faire le deuil de George? Ou bien la mort lui permettait-elle de retrouver dans son cœur le petit garçon qu'il avait connu aux jardins de Kensington?

Après la mort de l'aîné, il s'accrocha d'autant plus à Michael, « le sombre, strict et impénétrable », ainsi qu'il l'appelait, mais Michael changeait et lui échappait aussi, et Barrie guettait avec horreur le moment où le jeune homme n'aurait plus besoin de lui.

L'enfant triste ne peut pas vivre sans son double. De même qu'il a dû renoncer à avoir une mère pour lui, il a toujours besoin d'une présence pour se sentir exister. Si le double le quitte, il meurt. Nous comprenons pourquoi Peter Pan a besoin des garçons perdus et pourquoi il ne supporte pas de les voir grandir!

Après deux années difficiles à Eton, Michael s'était

endurci, du moins s'était-il composé une façade nonchalante pour masquer ses sentiments réels, mais tout le monde avait conscience de son état dépressif. L'un de ses meilleurs amis, Robert Booth, était convaincu de la mauvaise influence que Barrie exerçait sur le jeune homme : « Je me souviens être allé chez lui avec Michael et avoir ressenti un affreux sentiment d'oppression ; j'étais content de sortir de là. Nous rentrions dans la voiture de Michael et je lui fis remarquer : " Ça fait du bien de quitter cet appartement ! " Il me répondit : " Oui, c'est vrai. " Mais dès le lendemain, il écrivait à Barrie, comme d'habitude... »

Entre les deux hommes s'était en effet établie une relation jugée assez malsaine par l'entourage de Michael : non pas homosexuelle, mais morbide et au-delà des limites de l'affectivité ordinaire. Quand Barrie avait le moral sombre, il avait tendance à entraîner le jeune homme vers le bas avec lui : « Je me souviens une autre fois être entré avec Michael dans le bureau, qui était vide, rapporte encore Booth. Nous parlions depuis quelques minutes quand j'ai entendu quelqu'un tousser ; je me suis retourné et j'ai vu Barrie dans un coin, presque invisible. Il était resté là tout le temps, à nous observer. C'était vraiment un homme inquiétant et, quand on y pense, je crois que Michael et ses frères auraient été plus heureux dans la pauvreté qu'avec ce petit génie morbide et bizarre. »

Michael chercha-t-il à échapper aux griffes de son tuteur ? Après Eton, il ne voulait plus continuer ses études et rêvait de mener une vie d'artiste à Paris, comme l'avait fait son grand-père Du Maurier. James Barrie souhaitait au contraire que Michael aille à Oxford. Finalement, ce fut Michael qui céda, pour plaire à Barrie, ce qui était primordial pour lui. En

récompense, il se vit offrir une voiture et une petite maison.

Les autres fils Davies s'éloignèrent plus ou moins de l'écrivain. A dix-neuf ans, Peter avait été envoyé au cœur du pire conflit de la guerre, la bataille de la Somme. Il en était revenu deux mois plus tard, profondément traumatisé par les bombardements, et affecté de blessures morales dont il ne se remit jamais...

George mort, ses parents disparus, Peter vécut deux ans hors du temps, rempli de peur, obsédé par le souvenir de la boue et des corps mutilés, et il ne revint plus dans le Jamais-Jamais de James Matthew Barrie. Il se lia à une femme qui avait deux fois son âge, ce qui choqua profondément son tuteur, et s'opposa à tous, même à Mary Hodgson qui, pour une fois, était de l'avis de Barrie et partageait sa déception.

Jack s'échappa aussi en épousant Geraldine Gibb. Barrie, qui entretenait d'assez mauvaises relations avec l' « intruse », l'utilisa cependant pour se débarrasser enfin de Mary Hodgson, la gouvernante bien-aimée des garçons. Celle-ci ne supportait pas la présence de la jeune épouse et ne lui adressait jamais la parole directement. Barrie profita de la situation en installant Gerrie comme maîtresse de maison à Campden Hill Square. Puis il fit mine d'ignorer la tension montante et écrivit à Mary avec une grande gentillesse lorsqu'elle proposa sa démission. Il avait gagné : au pays du Jamais-Jamais, on tue ou on est tué !

Répéter l'histoire

Au cours de l'été 1918, James Barrie fit une nouvelle rencontre importante dans sa vie. « Une deuxième chance »? Comme avec Sylvia, ce fut lors d'un dîner. La jeune femme (trente ans, comme Sylvia lors de la fameuse soirée) s'appelait Cynthia Asquith. Elle était mariée à un notaire, comme Arthur, mère de deux fils, le plus jeune, Michael, ayant le même âge que George jadis. Cynthia avait des ambitions, surtout celle de faire valoir sa beauté et son charme. Son mari, n'ayant pas eu beaucoup de succès professionnel, venait d'abandonner sa charge pour tenter sa chance dans les métiers artistiques. Elle avait besoin de gagner de l'argent. James Barrie lui offrit un poste de secrétaire avec une forte rémunération et beaucoup de liberté dans ses heures de travail. Avant d'accepter, elle sonda quelques amis sur la personnalité de l'écrivain. « Fais attention, la prévint sir Walter Raleigh, à ne pas tuer la poule aux œufs d'or en freinant son côté sentimental! Non pas que ce soit vraiment de la sentimentalité. Le plus souvent – car il a un côté cruel –, c'est un Pan manqué! » « Barrie, tel que je le vois, renchérit un autre ami, est à la fois mère, jeune fille à la recherche de héros, grand-père et elfe, mais sans rien de l'homme en lui. Il a le génie coquet, avec parfois un soupçon de générosité! »

La relation professionnelle entre Cynthia et James Barrie se transforma rapidement en une sincère amitié. Mais Bob Asquith, quant à lui, ne partageait pas l'admiration de sa femme pour le dramaturge. Il ne supportait pas ses pièces et n'avait aucune sympathie pour l'homme... Il est possible que sa résistance active (bien différente de la résignation d'Arthur Davies) ainsi que la forte personnalité de Cynthia, composée d'une bonne dose d'égoïsme, aient empêché l'histoire de se répéter, car James Matthew Barrie ne put jamais avoir sur les Asquith et leurs enfants l'emprise qu'il avait eue sur les Davies.

Il est vrai que, précisément, « ses garçons » tenaient toujours une très grande place dans sa vie. Michael poursuivait ses études à Oxford, où il s'était lié d'une profonde amitié avec un jeune homme nommé Rupert Buxton, dépressif comme lui. Leur entourage s'inquiétait de l'influence sur Michael de ce garçon d'une intelligence exceptionnelle, mais sombre, saturnien, suicidaire.

Le jeudi 19 mai 1921, James Barrie mettait son manteau et son chapeau et s'apprêtait à sortir quand il trouva sur le pas de sa porte un reporter d'un journal londonien venu lui demander une interview concernant la noyade. La noyade? Deux étudiants d'Oxford, Rupert Buxton et Michael Davies, venaient de disparaître au cours d'une baignade sur la Tamise à Standford Pool. Leurs corps n'avaient pas encore été retrouvés, mais il y avait eu des témoins. L'eau était très calme au moment de l'accident, et les deux garçons étaient enlacés. Beaucoup pensèrent qu'il s'agissait d'un double suicide.

Les journaux anglais commentèrent tous l'histoire à la une, avec des titres et des commentaires éloquents : « La tragédie de Peter Pan : sir James Matthew Barrie a perdu un fils adoptif. » Ou bien : « Les fantasmes imaginaires de James Barrie ont assombri sa propre maison... Les jeunes Michael Llewelyn Davies et Rupert E. V. Buxton se sont noyés, hier, près de Standford. Les deux étudiants étaient des amis inséparables. Michael Davies n'avait que vingt ans et Buxton vingt-deux... Le premier modèle de Peter Pan, George, avait été tué pendant la guerre, en mars 1915... Aujourd'hui, ces deux garçons, associés à Peter Pan, ont disparu... »

Après ce drame, James Barrie s'enferma chez lui et ne voulut plus voir personne. Michael fut enterré au cimetière de Hampstead, près du tombeau de ses parents. Quelques semaines plus tôt, Barrie avait écrit dans son journal : « La mort : celui qui est mort est seulement un peu en avance dans la procession. Quand nous passerons le pâté de maisons, nous le reverrons. Nous ne l'avons perdu de vue qu'un moment, car nous sommes restés en arrière pour rattacher nos lacets. »

Le 5 avril 1960, Peter Llewelyn Davies, éditeur, quitta le Royal Court Hotel, Londres, traversa Sloane Square, descendit les escaliers vers le métro et se jeta sous un train... La tragédie de Peter Pan fut encore une fois à la une des journaux londoniens. Les trois garçons préférés de James Matthew Barrie avaient, chacun à sa façon, vécu « la plus grande des aventures ».

Était-ce la destinée? Ou bien le petit Jamie croyait-il vraiment à « la deuxième chance »? Cette question est toujours restée au centre de la pensée de James Matthew Barrie, et elle a pris les formes les plus diverses dans ses pièces de théâtre. Dans *Le Testament* par exemple :

PURDIE. – Ce n'est pas le hasard qui décide de nos vies.

JOANNA. – Non, c'est le destin.

PURDIE. – Ce n'est pas le destin non plus, Joanna. Le destin est quelque chose qui nous force à refaire les mêmes folies, quel que soit le nombre de chances que nous ayons. C'est quelque chose avec lequel nous sommes nés... Shakespeare le savait bien : « La faute, cher Brutus, n'est pas dans nos étoiles, elle est en nous, qui sommes des subalternes. »

Chapitre VII

LES AILES REPLIÉES

A l'âge de trois ans, mon fils me dit, un soir, juste après le moment privilégié des histoires : « Maman, je suis triste car je sais que toi et papa allez mourir un jour. Je ne peux plus jamais rire comme avant. » Pourtant ses rires n'ont pas cessé, mais, à ce moment-là, quelque chose avait sûrement changé pour lui... Puis, quelque temps après, il me lança soudain, avec une grande légèreté : « Maman, quand tu seras morte, tu me laisseras tout ton argent, n'est-ce pas ? »

Il est étrange de constater combien les enfants peuvent parler allègrement de la mort. Dans leurs jeux, Wendy et ses frères n'éprouvaient aucune difficulté à imaginer qu'ils avaient rencontré leur père mort dans la forêt. Freud constate que seuls les enfants sont capables de parler de la mort sans retenue et de menacer de mort n'importe qui, même ceux qu'ils aiment.

Les adultes, dit-il, même s'ils savent que la mort est l'aboutissement naturel de la vie, vont mettre cette idée de côté et essayer de faire comme s'il était possible de l'éliminer. D'ailleurs, l'inconscient ne connaît pas la mort ; il est impossible d'imaginer sa propre fin.

Nous faisons comme si nous étions immortels,

comme si rien ne pouvait nous arriver. Je sais aujourd'hui que mon père avait la conviction, comme l'ont souvent les héros, d'être protégé, et que les dieux étaient avec lui. Ma mère m'a raconté qu'un dicton circulait depuis toujours dans la famille, sur « l'ange gardien des Kanitz ». C'est peut-être pour cela qu'elle a été si contrariée par notre changement de nom. L'ange gardien des Kanitz convenait bien à mon père, il n'avait besoin de rien d'autre.

Petit criminel

Où se trouve le danger? Quand nous pensons que la mort est chose possible? ou au contraire quand nous nous trouvons immortels, du côté des dieux?

Ce sont peut-être ces sentiments qui nous reviennent quand nous avons tellement peur de la mort... Est-ce la peur de vouloir tuer quelqu'un qu'on aime?

Un enfant triste ne peut pas tuer comme le géant qui fait disparaître ce qu'il veut, car il a déjà payé le vrai prix, soit avec la mort réelle, soit avec la perte de l'amour. Pour lui, perdre l'amour revient à perdre la vie, il est devant le danger de disparaître lui-même et il ne peut plus s'offrir le luxe de faire disparaître les autres. Quand il devient adulte, cet enfant-là garde au fond de lui une difficulté à s'aimer car il se sent coupable d'un crime, même s'il en ignore la nature.

Un homme est venu me voir un jour. Il était père depuis peu, mais, alors qu'il en était très heureux, il constatait chez lui une pulsion très contradictoire, un besoin irrépressible de faire du mal à son bébé. Cette situation le rendait si coupable et si désespéré qu'il demandait de l'aide, en me menaçant presque : il allait certainement finir en prison. Devant l'urgence de la situation et le désarroi de cet homme, je ne pouvais qu'accepter, mais je constatais en même temps chez moi des sentiments surprenants. J'aurais dû reculer devant un acte aussi méprisable – faire du mal à un bébé –, et pourtant j'étais prise d'une grande sympathie pour cet homme. De plus, je ne pouvais m'empêcher de le voir dans son état de bébé...

Cet homme ne ressentait que la surface de son être. A l'intérieur, il ne trouvait que le vide. Dans sa tête aussi, un grand vide, celui de la mémoire de son enfance. Il redoutait surtout de voir ce vide dérangé par des bruits : klaxons, pétards, voitures, etc. Un son violent et inattendu pouvait le mettre hors de lui, il était capable de perdre toute maîtrise, de se déchaîner comme un forcené. Les pleurs de son bébé déclenchaient aussi ces réactions incontrôlables...

Sa famille lui avait appris qu'il avait eu un frère, de deux ans son cadet, et que ce frère était mort quand lui-même avait quatre ans. Mais il n'en avait aucun souvenir. J'avais l'impression qu'une fois de plus, la clef se trouvait dans l'oubli...

Le Jamais-Jamais de cet enfant triste était si loin qu'il fallut l'aide de sa mère pour l'atteindre. Il est peu habituel que les mères viennent me voir quand l'enfant triste est un adulte. Un jour, je reçus un appel de cette femme. Elle voulait me dire quelque chose qu'elle n'avait jamais pu dire à son fils et elle pensait que cela pourrait l'aider :

« Quand le petit est mort, mon mari est devenu fou de chagrin ; il était méconnaissable, il ne supportait plus son fils aîné, celui qui lui restait, et il prononça ces mots terribles : " Pourquoi ce n'est pas lui qui est mort ? "

Quelque temps après, j'ai trouvé mon fils dans un fauteuil, tout seul. Il pleurait et il m'a dit : " Maman, je ne verrai plus jamais mon frère? " Je lui ai répondu qu'il ne fallait pas pleurer, que son frère était au ciel avec les anges et qu'il y avait d'autres enfants dans la famille, qu'on n'allait plus en parler. »

J'encourageai cette vieille dame à raconter l'histoire telle quelle à son fils, car il était maintenant un adulte et il pourrait la supporter. C'était surtout lui restituer quelque chose qui lui appartenait. Hélas, cette mère n'a pas pu revenir sur les années écoulées et elle me demanda de le faire à sa place.

Quand nous nous sommes trouvés devant cette petite figure tragique assise seule dans son fauteuil, l'homme a éclaté en sanglots. Pour la première fois, il put pleurer son histoire et ces mots lui échappèrent : « Mon bébé! Mon pauvre petit enfant, je comprends tout maintenant! » La restitution du drame de sa vie d'enfant avait aidé cet homme à éprouver à nouveau des sentiments...

A partir de là, il put renoncer aux pulsions violentes qui l'envahissaient.

Les larmes de l'absence

Il m'a fallu des années pour comprendre que notre histoire avait été une tragédie. J'étais convaincue que nous avions vécu une grande aventure et que mon père était mort en héros. Ma mère, de pensée plus conservatrice, disait que c'était le destin. Elle avait une manière à elle de jouer avec lui; elle imaginait inlassablement comment les choses se seraient déroulées si...

S'ils avaient quitté la Hongrie avec mon père quand elle avait vingt ans et lui trente... Si elle s'était mariée avec Zoltan et non avec Pista... Si elle était restée en Italie à dix-neuf ans... Si elle était née garçon plutôt que fille... Si sa mère l'avait laissée mourir...

Nous faisions de longues promenades, le dimanche, pendant lequelles nous parlions du passé et de l'avenir. Moi, je n'aimais pas les « si », je trouvais trop triste d'avoir des regrets! Je préférais les « quand »... Quand je serai grande... Quand j'aurai terminé mes études... Quand j'aurai de l'argent... Alors nous bâtissions des projets, je m'envolais pour mille aventures et j'entraînais ma mère avec moi, là où elle pourrait retrouver ses rêves perdus...

Nous pleurions aussi. A cette époque, ma mère travaillait beaucoup et elle devait me laisser seule le soir. Mon frère était souvent absent. Je passais des heures dans la pénombre, assise dans le fauteuil où jadis mon père s'installait pour écouter de la musique. J'avais un chat qui aimait Mozart. Nous nous consolions l'un l'autre.

Mon père était mort au printemps. Nous étions maintenant en hiver. Il neigeait fort et ma mère n'était pas rentrée. L'heure avançait, je me mis à la fenêtre pour guetter son arrivée. La neige recouvrait tout et quelques réverbères jetaient une lueur bleuâtre sur sa blancheur intacte. Petit à petit, mes larmes se mirent à couler, tandis que je me persuadais que j'avais aussi perdu ma mère. Ces mêmes larmes sont revenues de temps en temps dans ma vie, mais le sentiment de désespoir total qui m'avait envahi à ce moment-là est resté, je crois, au fond du Jamais-Jamais.

Je pleurai jusqu'à ce que je n'eus plus de larmes. C'est alors que j'aperçus un petit point noir, au loin, sur la neige. Il approchait rapidement. Ce petit point noir, c'était ma mère!

Avec le temps, nous pleurions moins, toutes les deux. La vie me portait vers d'autres aventures. Elle, désormais, disait ne vivre que pour nous. Sa vie de femme était terminée. Elle n'était plus que mère. Qu'attendait-elle de moi? J'avais pris la place de mon père. Comme il me l'avait demandé, je prenais soin d'elle. Il n'avait pas eu confiance en mon frère.

Mais comment grandir? Comment devenir une femme? Ces questions étaient très loin de mon esprit. J'étais trop occupée à trouver des solutions à l'existence pour réaliser le rêve de mon père : « Docteur Kanitz Katalin. »

Maintenant qu'il était mort, ses rêves me concernant étaient devenus mes plus chères possessions. Bien plus tard, quand je me suis mise à puiser dans le Jamais-Jamais, j'y ai trouvé l'image pathétique d'une petite fille frappant de toutes ses forces sur un cercueil pour en faire sortir ce qu'elle avait perdu... Mon père avait emporté avec lui ce qui m'était nécessaire pour devenir une femme...

Alors j'ai pris ce qui me restait, ses rêves, ses paroles et le souvenir de la chaleur de ses mains. Mon père mort s'est mis à me soutenir dans mon envol vers la vie. Sans le savoir, je puisais mes forces dans ce contrat secret établi entre lui et moi. Un contrat qu'il ne pouvait pas dénoncer, car il était devenu silencieux et que toute la parole inconsciente était de mon côté. J'étais « fille de mon père », forte du désir de conquérir le monde.

Les dents de lait de Peter Pan

Un enfant triste, quand il commence à grandir, est souvent très responsable, soucieux du bien-être de ses parents, de celui de ses frères et sœurs. On le trouve à la tête de l'équipe, en train d'organiser la prochaine partie ; il ramasse le plus faible, il a une solution pour tout. Surtout, s'il voit quelqu'un découragé, déprimé, sans ressources, l'enfant triste va courir à son aide, tenter de lui remonter le moral ; l'enfant triste devient assistante sociale, l'enfant triste devient médecin, l'enfant triste devient psychanalyste...

Qui dirait que l'enfant triste n'a pas grandi ? Il est indépendant, il a plein d'énergie, il est parent de ses parents... Pourtant, si on observe attentivement son sourire, on remarque qu'il a encore ses dents de lait !

A seize ans, je gagnais ma vie et j'épargnais pour mes études universitaires. Je faisais du théâtre, j'avais beaucoup d'amis et j'étais heureuse de vivre. J'aimais mes aventures, j'en avais suffisamment pour mon goût et pour nourrir ma mère de mes récits. Je lui racontais tout, elle participait pleinement à ma vie. Le seul point sombre dans mon existence était notre relation avec mon frère et sa femme.

Après la mort de mon père, ma mère, n'ayant pas eu assez de courage pour se lancer seule dans l'existence avec moi, avait accepté de partager la maison de son fils. Petit à petit, la situation devenait intenable et pourtant elle durait. Mon frère était par moments très violent et j'apprenais à le craindre et à le détester.

Pensa-t-il devoir remplacer mon père ? J'avais deux hommes dans ma vie : un héros mort, enfermé dans mon cœur, et un diable vivant dans la réalité. Cette situation duelle a sûrement permis l'entretien du Jamais-Jamais au fond de moi et n'a pas facilité ma capacité à grandir.

Freud a montré que la petite fille, amoureuse de son père, attend qu'il lui donne un enfant ; mais elle réalise finalement que ce rêve est impossible et qu'il lui faut renoncer à cet espoir pour pouvoir trouver un autre homme, qui l'aimera et dont elle aura un enfant... C'est la condition pour qu'une petite fille devienne femme.

Mais quand un père meurt avant que sa petite fille puisse renoncer à cet espoir, celle-ci peut être déçue avec une telle violence qu'elle n'aura d'autre solution que d'enfermer cet espoir pour toujours dans le Jamais-Jamais, afin que la violence ne détruise pas tout, y compris elle-même. Moi, j'ai réservé ma colère et ma haine à mon frère, car il avait le talent de les attirer; ainsi, je pouvais rêver d'un héros que je rencontrerais un jour ailleurs, je ne savais où...

Je pense que j'ai toujours su qu'un jour je quitterais le Canada et que je reverrais l'Europe, même si le retour en Hongrie était impossible. La Hongrie était le lieu du Jamais-Jamais, que j'avais rempli de tous mes rêves d'enfant et que je nourrissais avec les histoires de ma mère. C'était un pays lointain, bien au-delà de la Chine, de la planète Mars... Je savais qu'il me fallait retourner vers l'Est, re-traverser l'Atlantique, retrouver la France... Je ne savais pas qu'encore une fois j'allais me tourner vers le passé pour chercher ce que j'avais perdu...

Au début de mon séjour à Paris, ce fut le retour du grand plaisir : tout me séduisait, les odeurs, les couleurs, les gens, les coins de rue, les mots. J'étais venue pour apprendre le français, cette langue allait enfin réunir deux parties séparées en moi – la tête anglaise et le cœur hongrois –, grâce à elle je commençai à pouvoir parler de moi, à penser et à sentir en même temps.

Je retrouvais des membres de la famille de mon père. J'avais l'impression de rejoindre une partie du Jamais-Jamais; à cette époque, il était rempli des choses les plus diverses, les bonnes et les mauvaises, je n'avais pas mis d'ordre là-dedans! Alors, quand quelque chose était bon, tout était bon. En France, tout était bon...

Le fait de changer de pays, d'avoir mis l'océan entre ma mère et moi, m'a certainement donné l'impression de grandir. C'est souvent la stratégie d'un enfant triste : quitter la maison natale pour aller loin et en revenir transformé, adulte, sans avoir été obligé de vivre la pénible séparation dans le quotidien. M'être envolée ainsi m'a permis, à mon insu, de garder une très grande nostalgie de ma mère et de continuer sur ce chemin que mon père nous avait fait prendre : le chemin du Jamais-Jamais.

Toronto... Paris... Genève... Tous les exilés atterrissent un jour à Genève. La Suisse propre et organisée, la Suisse étrange et mystérieuse, la Suisse insupportable... A Genève, je ne connaissais personne, j'habitais seule et c'était à moi de construire mon destin. Fallait-il aller jusque-là pour échapper au désir parental et me retrouver moi-même?

Je pouvais encore fuir. Mais quelque chose m'empêchait de lâcher. Et « si la difficulté de vivre était la plus grande des aventures »? J'étais têtue, je n'allais pas me laisser abattre. Mais j'ai vécu en Suisse des moments de solitude, des moments de désespoir, des crises de pleurs, comme avant...

L'île des origines

Je ne sais pas comment l'idée d'aller voir « un passeur » m'est venue. Pour la première fois, je réalisai que j'étais triste et que quelque chose pesait sur mon histoire; les aventures ne suffisaient plus, je cherchais la vérité, ma vérité. Seulement, j'avais besoin de parler dans ma langue maternelle car la clef du Jamais-Jamais se trouve au creux des premières paroles.

« Que puis-je pour vous ? » m'a-t-il demandé. Il avait l'allure et la voix de quelqu'un que j'avais connu très longtemps auparavant. Il était chauve, comme mon père, il roulait les « r », c'était bon.

Mais j'avais peur. Je ne voulais pas faire une « analyse », comme on dit, ni quelque chose de très long, ou de très cher, enfin... juste assez pour...

Étrange, cet homme dans mon dos qui ne dit rien. Il fait exprès de ne rien dire. Je n'arrive pas à franchir la frontière de l'intimité, je n'arrive pas à lui parler en hongrois. Pourtant, un jour, sans aucune raison apparente, sans même m'en rendre compte, j'utilise ma langue ancestrale. Alors les rêves jaillissent comme d'une source secrète inconnue de moi. Des rêves d'appartement grand et sombre où je vois deux oiseaux imprimés sur le plafond, les signes du destin, une maison coupée en deux, la révolution, une bombe, je saigne, ma mère vient m'aider...

Qu'attends-je du passeur ? Ses silences me laissent progresser à mon rythme. Mais il n'est pas toujours silencieux. Il essaie de m'indiquer la route, il me fournit quelques clefs. Puis-je comprendre l'énigme de mon histoire ? Le Jamais-Jamais s'ouvre devant moi, surtout la nuit. Je me trouve à la frontière de la Hongrie. Personne ne le sait encore, mais il y a une guerre entre les Français et les Américains. Il y a là un grand nombre de tentes et je suis au milieu. Les soldats s'entretuent, mais je réussis à me sauver, grâce à une bombe que je serre dans ma main ! Je me cache derrière une tente. Je suis dans une forêt et je rencontre mon père. Il était parti depuis longtemps et, cette fois, c'est vrai, ce n'est pas un rêve. Mais il est malade, il doit faire attention car il va probablement mourir; nous avons très peu de temps à passer ensemble et nous avons des choses de la plus grande importance à nous dire. Mais de quoi parlions-nous? Je ne sais pas... Je me réveille avec le sentiment de sa présence fortement imprégné en moi.

Puis viennent la fatigue, la grisaille, la nostalgie de l'absolu...

Je retrouve dans de vieux carnets de l'époque suisse des notes écrites à des moments très différents; des rêves, des pensées, des cris de solitude. Et puis deux pages curieuses que je n'ai aucun souvenir d'avoir écrites :

« Elle essaya, mais les mots ne venaient pas, ne pouvaient pas venir. Il l'aimait, il l'avait dit, il l'avait écrit : " S'il te plaît, seulement quelques lignes, si tu savais comme ton silence me fait mal. " Enfant, elle s'était souvent demandé si l'on pouvait simplement sortir de sa peau, tout laisser pour recommencer. " Si je n'étais pas moi? " Personne ne pouvait lui répondre.

Un jour cela se produisit. D'abord, cela lui fit peur, mais, petit à petit, la sensation devint plaisante, un grand sentiment de liberté. Elle avait réussi à quitter son corps.

Par la suite, elle arrivait souvent à provoquer cette sensation d'absence-présence, même lorsqu'elle était en compagnie d'autres personnes. C'était comme si elle voyait tout de très loin, les corps, les mots, les gestes ne voulaient plus rien dire. Rien n'avait de sens et elle se sentait flotter dans un vide très agréable.

Mais, vers seize ans, elle perdit ce don. A présent, il n'était plus qu'un souvenir. »

Il est étrange que ce texte tombe entre mes mains, à présent que j'écris... que j'accepte enfin de replier mes ailes pour examiner le Jamais-Jamais de mon histoire. Fixer des mots, peindre des images destinées à rester, est une façon de tuer... d'accepter que le Jamais-Jamais sorte de l'ombre, que le passé soit passé et que ce qui est perdu le soit pour toujours...

Je comprends aujourd'hui que ce texte, rédigé il y a vingt ans, était déjà adressé à mon père. Le mot impossible à dire, c'était le mot : « Adieu », l'adieu à mon père.

Je l'écris à présent sur ces pages et je ne les déchire plus, mais je les offre à la mémoire d'un enfant triste...

Achevé d'imprimer en octobre 1995
sur les presses de l'Imprimerie Bussière
à Saint-Amand (Cher)

POCKET - 12, avenue d'Italie - 75627 Paris Cedex 13
Tél. : 44-16-05-00

— N° d'imp. 2507. —
Dépôt légal : juillet 1995.

Imprimé en France